如果歷史是一群喵

春秋戰國篇

肥志 編繪

國家圖書館出版品預行編目 (CIP) 資料

如果歷史是一群喵. 2, 春秋戰國篇: 萌貓漫
畫學歷史 / 肥志編. 繪. -- 初版. -- 新北市:
野人文化出版: 遠足文化發行, 2018.09
　面;　公分. -- (Graphic time ; 6)
ISBN 978-986-384-306-1(平裝)

1. 中國史 2. 通俗史話 3. 漫畫

610.9　　　　　　　　　　107013956

《如果歷史是一群喵 2 春秋戰國篇 》中文繁體版通
過成都天鳶文化傳播有限公司代理，經廣州漫友文
化科技發展有限公司授予野人文化股份有限公司獨
家出版發行，非經書面同意，不得以任何形式，任
意重製轉載。

如果歷史是一群喵 (2)

線上讀者回函專用 QR CODE，您的
寶貴意見，將是我們進步的最大動力。

Graphic Times　06

繪　　者　肥志
編　　者　肥志

總 編 輯　張瑩瑩
副總編輯　蔡麗真
責任編輯　徐子涵
行銷企畫　林麗紅
內頁排版　洪素貞
封面設計　周家瑤

出　　版　野人文化股份有限公司
發　　行　遠足文化事業股份有限公司 (讀書共和國出版集團)
　　　　　地址：231 新北市新店區民權路 108-2 號 9 樓
　　　　　電話：（02）2218-1417　傳真：（02）8667-1065
　　　　　電子信箱：service@bookrep.com.tw
　　　　　網址：www.bookrep.com.tw
　　　　　郵撥帳號：19504465 遠足文化事業股份有限公司
　　　　　客服專線：0800-221-029
法律顧問　華洋法律事務所　蘇文生律師
印　　製　凱林彩印股份有限公司
初　　版　2018年9月
初版29刷　2023年7月

序

　　不知不覺，《如果歷史是一群喵》第二卷「春秋戰國篇」就要跟大家見面了。

　　如果把華夏上下五千年比作一場大戲，那春秋戰國一定是特別出彩的一段。鐵器匡噹問世、農業全面升級；周王朝徹底滅亡、秦帝國閃亮登場。在這個大變革的時代，英雄和草根輪番登臺，儒、墨、道、法脫穎而出，深深地影響了此後兩千多年的中華文明。

　　有讀者問我：這樣的一段歷史，專家都難寫，你要怎麼畫？

　　這個問題後來成為了我們創作的一面鏡子，時常提醒自己究竟該畫些什麼。沒錯，歷史資料那麼多，一本漫畫絕不可能面面俱到；我們需要在那浩瀚的記載裡尋找出歷史進程的主線。而歷史不應該是枯燥的，人類創造了歷史，講歷史始終還是回到講人上面來，「春秋戰國篇」選取這段歷史裡關鍵的人物作為節點，為大家描述這段歷史進程。如果能用一支畫筆讓大家喜歡上這段歷史，讓大家因為興趣而推開那扇名為歷史的大門，我想這才是我們創作的初心。

　　2017年11月，帶著這個想法，我參加了一次去日本的交流。當第一次走進秋葉原的漫畫店時，我看到哆啦A夢出現在歷史書、幾何書、物理書上……那一刻起，我確定自己沒有想錯，漫畫可以做到很多事情，用漫畫讓人愛上歷史是行得通的。

　　我們投入了更多的精力在《如果歷史是一群喵》第二卷上面。啃完《史記》、《左傳》、《國語》，還去拜讀呂思勉、白壽彝等歷史學家的作品，以求更準確地瞭解歷史，把它們整理得有趣一點。

　　希望這本漫畫能讓「大朋友」和小朋友都愛看。但也請記得，真正的歷史遠不止如此，想要瞭解它的全貌，不妨翻翻更多歷史書籍。

　　最後，衷心感謝所有為本書付出過努力的小夥伴。謝謝金城老師的指導以及「漫友文化」各位老師在出版過程中給予的支援。我們下回再見。

正文閱讀順序從左往右，
對白、注釋以及編者按閱讀順序從右往左。

第十四回 ● 霸王初現

周王朝的統治幾經**昏君**的**瞎搞**⋯⋯
終於控制力**大減**。

不但王都**搬了家**⋯⋯

童書業《春秋史》：
「諸侯擁平王立國於東
都。」

「小弟們」也開始**不聽話**。

從此**諸侯並起**，
進入了**「約架鬥毆」**的春秋時期！

【霸王初現】

在那個時期裡，
諸侯國們開始**發展**自己的勢力。

互相吞併。

白壽彝《中國通史》：「所以周初號稱千八百國，到了春秋時代僅餘一百四十八國。」

天下紛亂的情況下，

先後出現了**五個最強**國家。

人民教育出版社《義務教育課程標準實驗教科書·歷史七年級上冊》：「各諸侯不斷進行戰爭，強大的諸侯迫使各國承認他的首領地位，成為『霸主』。」

後人給領導了這五個強國的**君主**，

起了個很霸氣的名字。

（還有點酷炫！）

而今天我們要講的，
正是五霸中**首先冒出頭**的齊國國君——
齊桓公。

桓公喵**本名**叫小白。

（感覺超隨便……）

用他對自己的評價就是：**好玩**（打獵）。

【霸王初現】

好酒。

哈哈哈

《管子‧匡君小匡》：
「寡人不幸而好酒。」

好色。

啪啪啪

寶貝……

討厭！

《管子‧匡君小匡》：
「寡人有汙行，不幸而好色。」

這**按以往**的慣性來看……
要不是**昏君**就是**亡國之君**啊！

我好怕……

齊

可惜**他不是**。

我沒有。

《孟子·孟子下》：
「五霸，桓公為盛。」

原因在於……

他有個**厲害**的「小秘書」——
管仲喵！

管仲

童書業《春秋史》：
「管仲……他替桓公規劃
政事，先立定了創霸業的
基礎。」

管仲喵既輔助他**富國**，又輔助他**強兵**，
把國家治理得**蒸蒸日上**。

★

努力！

加油！

齊

《史記·齊太公世家》：
「桓公既得管仲……連五
家之兵，伸輕重魚鹽之
利，以贍貧窮，祿賢能，
齊人皆說。」

可話說回來……

桓公喵和管仲喵可**不是**一開始就**「在一起」**，

他們的這段 ~~「孽緣」~~

君臣際遇也可以說相當**有趣**。

看過來！
看過來！

對面的男孩
看過來！

當年的桓公喵還在和兄弟**競爭王位**。

想當年

《史記・齊太公世家》：
「議立君，高、國先陰召
小白於莒。魯聞無知死，
亦發兵送公子糾。」

我一定要先
一步回去繼
承皇位！

讓宮女們穿
水手服！

而作為「敵方」的**手下**，**管仲喵**則打算為了主人，
暗殺桓公喵！

可惜射殺**沒成功**……

（桓公喵裝死逃過一劫……）

《史記・齊太公世家》：「而使管仲別將兵遮莒道……射中小白帶鉤。」

趕回王都的桓公喵順利**繼承了王位**。

《史記・齊太公世家》：「則小白已入……是為桓公。」

就這樣⋯⋯管仲喵就被抓了回來。

放開我！

桓公喵雖然很生氣，
卻因為管仲喵有才能而沒有處罰他。

【第十四回】

《史記・齊太公世家》：
「乃詳為召管仲欲甘心，
實欲用之。」

你才華不錯，
跟從我吧！

天意啊！

從此，管仲喵被「調教」成了桓公喵的「祕書」。

我就喜歡你這種清純
不做作的小野貓⋯⋯

好吧⋯⋯

管仲喵**到來**後，
為桓公喵制定了**重要的國策**。

我要幫你寫一份計畫書！

那就是——

尊王攘夷

〔霸王初現〕

「尊王攘夷」！
簡單點說就是讓桓公喵成為**「周吹」**！

周天子♡U

吹：吹噓、宣傳的意思。

比如「**堅決支持**周天子，每天為天子**助威**」。

人民教育出版社《義務教育課程標準實驗教科書・歷史七年級下冊》：「『尊王』就是表面上尊崇周天子，利用天子的影響號令諸侯。」

比如「反叛天子的人**都要幹掉**」等等。

人民教育出版社《義務教育課程標準實驗教科書・歷史七年級下冊》：「『攘夷』指抵禦周邊少數民族的進擾。」

這種瘋狂「**打氣**」的方式，

打call：應援、加油之意。

讓周天子**很高興**。

（官方給你按個讚。）

童書業《春秋史》：「周天子之所以還能保持他的虛位至數百年之久，這確是他（齊桓公）的功勞。」

有了官方的「**認可**」，
桓公做起事來自然「**師出有名**」！

童書業《春秋史》：「宋國背叛齊國時，桓公又邀合諸小國，假借了王命，把宋國打服。」「這時王室也發生內亂……周王也派了召伯來賜齊桓公的命，叫他伐衛，討立王子頹的罪……齊桓公鳳了王命……以王命數責他的罪。」

【霸王初現】

比如，有**外族**攻打其他**諸侯國**小夥伴。

《史記・齊太公世家》：「山戎伐燕，燕告急於齊。」

他就帶兵過去把**外族**揍一頓。

《史記·齊太公世家》：「齊桓公救燕，遂伐山戎。」

比如，有**大諸侯**欺負其他**小諸侯**。

童書業《春秋史》：「楚令尹子元又帶了六百乘兵車伐鄭。」

他也帶兵過去把人家**揍一頓**。

童書業《春秋史》：「這時齊、魯、宋等諸侯的兵來救鄭國。」

【第十四回】

經過這一番「暖男」一般的
形象塑造。

桓公喵逐漸成為了**諸侯們**的**大哥**。

每次開「新聞發布會」，
諸侯小夥伴們都來**捧場**。

〔霸王初現〕

甚至到**後來**，
周天子也派人帶著信物來**出席**。

《史記‧齊太公世家》：
「三十五年夏，會諸侯於
葵丘。周襄王使宰孔賜桓
公文武胙、彤弓矢、大
路。」

這不僅表示**諸侯們承認**他是**老大**，

連**周天子**都得表示「**你厲害你說話**」。

推

《史記‧齊太公世家》：
「周襄王……命無拜。」

這讓桓公喵有點**沾沾自喜**。

甚至**打算站著**就**接受**周天子的**信物**。

站起

《史記‧齊太公世家》：
「桓公欲許之。」

不過……幸好有**「仲管嚴」**在場……

忘了嗎？

《史記‧齊太公世家》：
「管仲曰『不可』。」

【霸王初現】

017

桓公還是**謙遜**地接受了信物。

跪下

《史記・齊太公世家》：
「乃下拜受賜。」

這**表面上**還是**宣揚**周天子天下共主的**威嚴**。

萬歲！

萬歲！

周

但實際上只是**不捅破**這層「窗戶紙」。

萬歲喔……

周

童書業《春秋史》：
「到了此時，周天子的真
正實力已經消滅無遺，而
他的威嚴在表面上反而比
前格外煊赫起來。」

合理地讓周天子承認他是**諸侯老大**的地位。

白壽彝《中國通史》：
「這實際上是承認了齊桓公的霸主地位。」

齊桓公**抵禦外族**、**團結諸侯**、**尊重周王**，

讓他的**聲望**達到了**頂峰**，

白壽彝《中國通史》：
「提出了『同惡相恤』和『諸下親暱』的號召……從而提高了齊國在中原的威信。」

【霸王初現】

奠定了春秋**第一霸主**的事實。

白壽彝《中國通史》：
「因此桓公才能『挾天子
以令諸侯』……齊桓公遂
成中原霸主。」

而他「尊王攘夷」的做法，
不但**維護**了表面的封建禮制的**穩定**，

還使得**霸主**成為了**新的**封建**中心**。

錢穆《國史大綱》：
「自有霸政，而封建殘喘
再得苟延。霸政可以說是
變相的封建中心。其事創
始於齊。」

在周王**地位下降**的情況下，**團結諸侯**，
維護了**新**的社會**秩序**。

然而這也意味著只要誰的**實力**強，
誰就能成為**新霸主**。

【霸王初現】

那麼春秋亂世裡，
誰又是下一個霸主呢？

（且聽下回分解）

編者按

「春秋五霸」是指春秋時期相繼稱霸的五個諸侯。一直以來春秋五霸有諸多說法，主要有兩種：齊桓公、晉文公、秦穆公、宋襄公、楚莊王（《孟子》趙《注》、《呂覽》高《注》從之）；齊桓公、晉文公、楚莊王、吳王闔閭、越王勾踐（《荀子》）。霸主肩負著協調各國關係、保護屬國利益的義務。

桓公——水餃（飾）

管仲——拉麵（飾）

參考來源：《史記》《孟子》《管子》、童書業《春秋史》、白壽彝《中國通史》、顧頡剛《國史講話》、錢穆《國史大綱》、人民教育出版社《義務教育課程標準實驗教科書·歷史七年級上冊》、人民教育出版社《義務教育課程標準實驗教科書·歷史七年級下冊》

【齊國祖先姜太公】

齊國的第一代領導人是姜太公呂尚，
就是「願者上鉤」的那位，
他因輔佐武王完成建國大業被封賞。

【孔子的偶像】

孔子非常推崇管仲。
因為他覺得管仲提出的「尊王攘夷」
不僅維護了周的禮制，
也保衛了中原文化。

【法家開端】

管仲改革了齊國法律，
讓它更加嚴苛。
有人認為他是法家的開端。

《正義的水餃》　　　　　《運動健將》

放開那個女孩兒！

頭部停球

放開那個小朋友！

帶球過人

放開那隻小鳥！

射門！

笨蛋

放開我，我要去幫人！

水餃是個正義感滿滿的孩子。

笨蛋！

看清楚，這是自家球門！

水餃

牡羊座

生日：4月1日

身高：177cm

最喜歡的花：茉莉

最愛的食物：炸雞

性格特點：有點孩子

氣，很陽光。

（水餃擬人介紹）

第十五回・大器晚成

在**春秋**時期，**先後**有五位**霸主**威震華夏。

春秋五霸

《荀子·王霸》：
「故齊桓、晉文、楚莊、吳闔閭、越勾踐，是皆僻陋之國也，威動天下，強殆中國，無它故焉，略信也。」

他們在自己**所處**的那個**時代**都
號令群雄！威風八面！

人民教育出版社《義務教育課程標準實驗教科書·歷史七年級上冊》：
「強大的諸侯，迫使各國承認他的首領地位，成為『霸主』。」

可在這**五個**霸主當中，
卻有一個畫風顯得……**有點慘**……

他！
就是鼎鼎大名的晉文公── 重耳喵！

重耳

重耳喵從小就**賢能好學**，

《史記‧晉世家》：
「重耳……皆有賢行。」
《左傳‧昭公十三年》：
「好學而不貳。」

身邊總是圍繞著一群**能幹**的小夥伴。

推塔啦！
推塔啦！

上啊！
抄他後
路！

《左傳‧昭公十三年》：
「有士五人。有先大夫子
余、子犯以為腹心，有魏
犨、賈佗以為股肱。」
《史記‧晉世家》：
「有賢士五人……其餘不
名者數十人。」

【大器晚成】

029

照理說這就是出任「CEO*」的人設啊！

嘿嘿

*CEO：首席執行官，一家企業中負責日常事務的最高行政人員。

可上天**偏偏沒有**給他一個**好**的開頭。

（有點複雜，咱們來整理一下狀況。）

《史記·趙世家》：
「重耳以驪姬之亂亡奔翟。」

嘿！
線！毛

首先**他爸**的**小老婆誣陷**他造反。

嗯
?!

大王，他們都不是好東西……

《國語·晉語》：
「驪姬既殺太子申生，又譖二公子。」
《史記·晉世家》：
「因譖二公子……獻公怒二子不辭而去，果有謀矣。」

於是他爸**追殺他**！

《史記・晉世家》：
「乃使兵伐蒲。」
《國語・晉語》：
「獻公使寺人勃鞮伐公於
蒲城。」

重耳喵**東躲西藏**好幾年。

【大器晚成】

終於把他爹**熬死**。

《國語・晉語》：
「二十二年，公子重耳出
亡。」「二十六年，獻公
卒。」

然後**他弟**繼承了**王位**……

《史記‧晉世家》：
「齊乃使隰朋會秦俱入夷
吾，立為晉君，是為惠
公。」

他弟當了王，當然怕哥哥回來**搶王位**。

於是**他弟弟**也**追殺他**。

快找！

《史記‧晉世家》：
「晉侯……謀曰：『重耳
在外，諸侯多利內之。』
欲使人殺重耳於狄（翟）。」

可憐的重耳喵就這麼**在外面**，到處**寄人籬下**。

整整**19**年，

他跑遍了翟、衛、齊、曹、宋、鄭、楚。

《史記·晉世家》：

「重耳出亡凡十九歲而得入。」

《史記·晉世家》：

「至狄（翟）……過衛……

至齊……過曹……過

宋……過鄭……去之楚。」

（窮遊啊！簡直！）

好在旅途的**最後**，
一個機會讓他終於**鹹魚翻身**。

《史記·秦本紀》：
「（秦）乃迎晉公子重耳於楚。」

那就是**秦國**！

《史記·秦本紀》：
「重耳初謝，後乃受。繆公益禮厚遇之。」

當時晉國因為不少事情**得罪**了秦國。

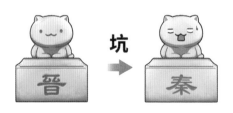

例如**說好**給秦國的土地**沒給**，

《史記·晉世家》：
「以秦得立，已而倍其地約。」

例如發生**饑荒**的時候**跟秦求援助**，

《史記·晉世家》：
「四年，晉饑，乞糴於秦……卒與粟。」

到了**秦**發生饑荒的時候，

《史記·晉世家》：
「五年，秦饑，請糴於晉。」

【大器晚成】

他反而**攻打秦**等等。

秦的這口氣那是**憋了**很久。

於是一不做二不休，
決心把**現在的**晉國老大**幹掉**。

扶持重耳喵上臺。

《史記·晉世家》：
「子圉之亡，秦怨之，乃
求公子重耳，欲內之。」

這個事情對重耳喵來說，
簡直**久旱逢甘霖**啊！

【大器晚成】

秦國這條「大腿」，
根本不用重耳喵去抱就**自動**送上了門。

《史記·晉世家》：
「（秦）聞重耳在楚，乃
召之。」

不僅**錦衣玉食**，

而且一上來就給他送了**五個老婆**！

（這樣的朋友給我來一打！）

就這樣，重耳喵在秦國的**幫助**下，
殺回了晉國。

跟我殺
回去！

他成了晉的第二十二任君主，
這正是**晉文公**。

《史記·晉世家》：
「朝於武宮，即位為晉
君，是為文公。」

而那一年，重耳喵也都36歲了……

（陳年老薑啊……古人三十都自稱老夫了……）

創業老年

最美不過夕陽紅...

溫馨又從容

雖然年紀**有點老**……
但並沒有消磨他想幹一番事業的**雄心**！

業績……
業績……

【大器晚成】

重耳喵決定**效法前任霸主**齊桓公的**做法**，
以「尊王攘夷」來 **謀求**霸主的地位。

柳宗元《晉文公問首原
議》：
「且晉君將襲齊桓之業，
以翼天子，乃大志也。」

可這還**沒來得及**想好怎麼做呢，
周天子就遭到了內部亂黨的**追殺**。

《史記・晉世家》：
「周襄王以弟帶難出居鄭
地，來告急晉。」

老大！有
人追殺周
天子！

啥?!

重耳喵趕緊**帶著兵**過去，把亂黨**削了一頓**。

《史記・周本紀》：「晉文公納王而誅叔帶。」

他**保護**著周天子安全**回到了**國都。

《史記・晉世家》：「晉乃發兵至陽樊，圍溫，入襄王於周。四月，殺王弟帶。」

【大器晚成】

這個任務的完成，
讓晉國獲得周天子的**讚賞**。

041

還**獲得**了大片的**土地**。

《史記・晉世家》：「周襄王賜晉河內陽樊之地。」

「國際**地位**」一下也**提升**不少。

白壽彝《中國通史》：「提高了晉在中原諸侯中的威望。」

官方的**「小心心」**有了，

國土面積**也大了**……

那接下來**怎麼爭霸**呢？

在**當時**的形勢下，**上任**霸主已經**不在**。

顧頡剛《浪口村隨筆》：「當時，齊桓公去世，中原無主。」

晉國爭霸最強大的**對手**，就是南邊的**楚國**。

白壽彝《中國通史》：「晉文公要想稱霸中原，首先必須轉其矛頭指向楚國。」

楚國在吞併了很多小國後，**來勢洶洶**。

童書業《春秋史》：「這時楚國的勢力差不多已經蹂躪了整個中原。」《左傳·僖公二十八年》：「漢陽諸姬，楚實盡之。」

【大器晚成】

一步一步地**開始進犯**中原地區。

突突突突突

衝啊！
我要去找周
王喝個茶！

顧頡剛《浪口村隨筆》：

「楚率陳、蔡、鄭、許伐
宋，魯國又借楚國的兵馬
伐齊，齊桓公有七個兒子
在楚國當大夫，所以當時
楚的勢力是蠢蠢欲動，將
霸於中原。」

《史記・晉世家》：
「楚圍宋，宋復告急晉。」

楚國真的兵強馬壯啊！

可人家**來都來了**，重耳喵也**沒有畏懼**。

把兄弟們都
給我叫來！

兩軍在一個叫**城濮**的地方，**幹了一架**。

城濮之戰

《史記・晉世家》：
「己巳，與楚兵合戰，楚
兵敗，得臣收餘兵去。」

最終**楚軍戰敗**。

重耳喵不僅掃清了爭霸的**障礙**，
還**保護**了中原地區的**和平**。

完成了「**攘夷**」任務。

【大器晚成】

兩個**主線任務**的完成，
終於讓重耳喵滿級**通關**，站上**諸侯之巔**。

經過**會盟諸侯**，
奠定了**新一任**霸主的地位。

《史記・晉世家》：
「天子使王子虎命晉侯為
伯（霸）……於是晉文公
稱伯（霸）。癸亥，王子
虎盟諸侯於王庭。」

重耳喵的經歷可以說是**大起大落**。

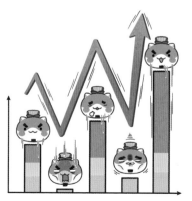

《史記・晉世家》：
「亡居外十九年，至困
約。」

這裡有他命運的**坎坷**，
更有他自身**超強的毅力**和**敏銳的政治嗅覺**。

但終歸**浴盡烈火**，鑄就了他**大器晚成**的人生。

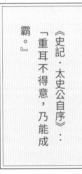

《史記‧太史公自序》：
「重耳不得意，乃能成
霸。」

兩百多年的春秋亂世，歷史車輪不斷轉動。
那麼下一任的霸主，又會是誰呢？

你猜！

（且聽下回分解）

《史記》記載，晉文公從三十四歲開始逃亡，回到晉國時六十二歲，去世時七十歲。但是，《史記·趙世家》又說晉文公「未老而死」，與前文互相矛盾。《左傳》《國語》等則認為晉文公是從十七到三十六歲逃亡，四十四歲去世。現代知名學者王玉哲、楊伯峻和顧頡剛等，均認為十七歲出逃是正確的。本篇採用這種說法。晉文公在外流亡十九年，遇到過許多無禮的對待。比如說在衛國乞食卻收到了土塊；在曹國時，曹國國君聽說重耳的肋骨連成一片，還跑去偷看他洗澡。但也有運氣好的時候，比如齊國、宋國和楚國的國君，都聽聞重耳的賢名，對他禮遇有加。

晉文公——麻花（飾）

參考資料：《荀子》、《史記》、《左傳》、《國語》、童書業《春秋史》、柳宗元《晉文公問首原議》、白壽彝《中國通史》、顧頡剛《浪口村隨筆》

附錄

【重耳之辱】

晉文公流亡時曾受過不少屈辱。
例如經過曹國時，
曹共公聽說他的肋骨連成一片，
就偷看他洗澡……

【混血兒】

晉文公是個混血兒。
他爹晉獻公開創了華戎通婚現象，
娶了狐戎之女大戎狐姬為妻，
並生下了他。

【回心轉意】

晉文公逃亡至齊國時，
曾因為太喜歡在齊國娶的妻子
而不想離開。
幸好妻子的勸說使他
回心轉意、重新啟程。

《聽誰的好呢》

《可憐的麻花》

麻花

摩羯座

生日：12 月 24 日

身高：178cm

最喜歡的花：雛菊

最愛的食物：泡麵

性格特點：靦腆善良，

膽小卻很堅強。

（麻花擬人介紹）

第十六回 ● 一鳴驚人

楚國，

相傳先祖為**黃帝之後**。

《史記・楚世家》：
「楚之先祖出自帝顓頊高
陽。高陽者，黃帝之孫，
昌意之子也。」

西周初期分封後，
逐漸形成了地處南邊的楚國。

《史記・楚世家》：
「熊繹當周成王之時，舉
文、武勤勞之後嗣，而封
熊繹于楚蠻。」

楚雖地大**富足**，

但卻因身在**南夷**之地，
一直受中原諸國**鄙視**……

這種情況直到一位**「霸主」**上線，
才發生了**變化**。

他，就是歷史上鼎鼎大名的春秋五霸之一——
楚莊王喵！

莊王喵的一生可謂「風騷」至極。

（咱們從他剛上位講起。）

莊王喵**剛即位**那會兒，
其實還是個**二十歲不到**的小可愛。

《國語·楚語上》：
「昔莊王方弱。」韋昭
注：「方弱，未二十。」

而那時也正是**楚**這個「公司」**不穩定**的時期……

白壽彝《中國通史》：
「他初即位時，國內很不
穩定。」

總的來說就是，內有**權臣爭鬥**，

白壽彝《中國通史》：
「莊王即位時，國內的貴
族鬥爭使他不能掌握國
政。」
翦伯贊《中國史綱要》：
「莊王初年，楚國發生好
幾起貴族暴亂。」

外有**敵國騷擾**。

莊王喵這個「CEO」當得**鬧心啊**……

怎麼辦呢？
莊王喵開始**吃喝玩樂**！

？？？

你沒聽錯……

他當起了一個「**肥宅**」……

《中國國家地理百科全書》：

「（楚莊王）似乎毫不把國家大事放在心上，整天打獵喝酒，縱情歌舞。」

還下了一道**命令**。

《史記·楚世家》：

「令國中日：『有敢諫者死無赦。』」

敢來勸我的都拖出去砍了！

這就讓大臣們**一臉茫然**了……

這是要亡國的節奏啊！

《韓非子·喻老》：

「楚莊王……無令發，無政為也。」

〔一鳴驚人〕

059

這時有**忠臣**實在是**忍不住**了……
上前打算**暗示下**莊王喵。

大王！微臣有話要說！

《史記·楚世家》：
「伍舉入諫……大夫蘇從
乃入諫。」

忠臣說：
「有隻鳥蹲著三年不飛不叫，
陛下知道是什麼鳥嗎？」

《史記·楚世家》：
「伍舉曰：『原有進隱。』
曰：『有鳥在於阜，三年
不蜚不鳴，是何鳥也？』」

莊王喵微微一笑說道：
「三年不飛，飛將沖天。」
「三年不鳴，鳴將驚人。」

一飛沖天

《史記·楚世家》：
「莊王曰：『三年不蜚
（飛），蜚將沖天；三年
不鳴，鳴將驚人。』」

咦？
一點都不「肥宅」的感覺啊！

嘿嘿！

原來莊王喵**表面上**是個肥宅，

表 面

暗地裡卻觀察哪些是忠臣哪些是**佞臣**。

内 裡

一鳴驚人

而等**時機一到**，

時辰到

莊王喵果然**迅速誅殺奸佞**，
重整了朝政。

《史記·楚世家》：
「所誅者數百人，所進者
數百人，任伍舉、蘇從以
政。」

這也是**成語**「一鳴驚人」的由來。

一鳴驚人

隨著莊王喵「風騷」的**操作**，

商務印書館《現代漢語詞
典》：
「（一鳴驚人）比喻平時
沒有特殊的表現，一幹就
有驚人的成績。」

楚國「股價」瞬間跳了幾個**漲停**。

白壽彝《中國通史》：

「楚莊王是一位雄才大略的君主……改革政治，勤於生產。」

這讓莊王喵**重拾了信心**。

翦伯贊《中國史綱要》：

「《左傳》說他在內政方面作過一些改革，因而減少了統治集團內部的摩擦。另外，在生產方面也有所發展，所謂『商農工賈，不敗其業』，楚的國勢為之一振。」

好樣的！

〔一鳴驚人〕

而既然**內政**已經**安撫**，
那**外憂**也是時候**解決**了。

剛好當時**周圍的蠻夷**趁著楚國發生**饑荒**，
紛紛過來**找碴**。

《左傳・文公十六年》：
「楚大饑，戎伐其西南，
至於阜山，師於大林。」

看著這些**趁火打劫**的傢伙，
莊王喵決定**出去和他們打**一仗。

《左傳・文公十六年》：
「不如伐庸……」乃出
師。」

結果不僅把蠻夷們**打敗**了，

《左傳・文公十六年》：
「庸人帥群蠻以叛楚……
遂滅庸。」

還順手揍了幾個小國。

（併國二十六個，開地三千里……）

《韓非子》：
「荊（楚）莊王並國二十
六，開地三千里。」

這樣的戰績讓莊王喵領導的
楚軍一時風頭無兩，

甚至跑到**周天子家門口**「晃蕩」。

《史記·楚世家》：
「遂至洛，觀兵於周郊。」

開門！送
桶裝水！

周

人家周王室**雖然衰落了**，
但名義上**還是「老大」**好不好……

我能怎樣……

可此時的莊王喵呢（才不理），
直接上去問人家。

壁咚

你家的鼎有多重啊？

翦伯贊《中國史綱要》：
「公元前六○六年，莊王伐陸渾之戎，觀兵於周郊，並派人向周王去問九鼎之輕重，以表示有吞周的意圖。」

這不明擺著**威脅**嘛……
幸好人家周喵**曉之以理，動之以情**……

給個機會吧。

……

老楚啊……**其實統治天下要靠德行**……我們老周家還沒到頭啊……

《史記·楚世家》：
「周定王使王孫滿勞楚王……王孫滿曰：『嗚呼！王其忘之乎……德之休明，雖小必重；其奸回昏亂，雖大必輕。周德雖衰，天命未改。鼎之輕重，未可問也。』」

莊王喵這**才罷休**……

《史記・楚世家》：
「楚王乃歸。」

「問鼎中原」這個**成語**也就是這麼來的。

商務印書館《現代漢語詞
典》：
「楚子（楚莊王）問鼎，
有奪取周王朝天下的意
思。後用「問鼎」指圖謀
奪取政權。」

【一鳴驚人】

楚軍的**強大**讓他**向中原**長驅直入。

莊王喵甚至把**老牌強國**晉國也**打趴過**。

《史記‧楚世家》：
「晉救鄭，與楚戰，大敗晉師河上，遂至衡雍而歸。」

最終經過多年的征戰……
中原的大多數**諸侯國**均向莊王喵**「俯首」**。

呂思勉《先秦史》：
「是時楚勢可謂極盛。」
白壽彝《中國通史》：
「宋向晉國告急，晉國畏楚不敢出兵……這時，魯、宋、鄭、陳都歸服了楚國。」

大哥！

大哥！

這個**長期**被視為**南蠻**的國家，
終於在莊王喵的帶領下，
成為了**中原諸侯的霸主**。

翦伯贊《中國史綱要》：
「這時宋、鄭等國都屈服于楚，莊王便成為中原的霸主。」

莊王喵的成功不僅依靠他的膽識，
更依靠他的**智慧**。

腦子是個
好東西。

《韓非子・喻老》：
「莊王不為小害善，故有
大名；不蚤見示，故有大
功。」

如果沒有早期的**隱忍**，
就不會有後面的**奪取政權**，
更不會有強大的楚國。

《韓非子・喻老》：
「故曰：『大器晚成，大
音希聲。』」

一鳴驚人

而當楚國躍升為超級強國之時，
在他的**隔壁**，有一個**小國**也悄然無聲地**發展**了起來……

它是誰呢？

（且聽下回分解）

在《史記》記載中，「一鳴驚人」的故事同時發生在楚莊王和齊威王身上。有學者認為，這是因為齊威王和楚莊王都有雄才大略，所以都以縱情玩樂的方式觀察朝廷局勢。總的來說，雖然存在爭議，但是楚莊王一鳴驚人的故事廣為流傳，在歷史上也比較有名，因而本篇採用此說。另外，楚國的饑荒和外族騷擾主要發生在楚莊王即位的第三年，楚莊王親自參與了攻伐外族的戰爭。

編者按

楚莊王—年糕（飾）

參考來源：《史記》《史記會注考證》《國語》《韓非子》《左傳》《中國國家地理百科全書》、呂思勉《先秦史》、白壽彝《中國通史》、翦伯贊《中國史綱要》、商務印書館《現代漢語詞典》

【問鼎】

周天子的九鼎是其權力的標誌。
楚莊王問鼎的重量，
實際上是想「移鼎」，
也就是奪走天子的權力。

【蠻夷之國】

中原列國都鄙視遠在南邊的楚國，
後來楚國破罐破摔，
多次自稱「蠻夷」，
然後自立為王。

【綁架事件】

楚莊王剛上位時內政混亂，
甚至曾被人從國都綁走，
還好被大臣及時救下。

《八卦的年糕 1》　　　《八卦的年糕 2》

年糕

處女座

生日：9月8日

身高：181cm

最喜歡的花：海棠

最愛的食物：香蕉

性格特點：很八卦，
很好學，也很嘮叨。

（年糕擬人介紹）

年糕的便當
Niangao's Bento

第十七回 ◉ 威震東南

父死子繼，兄終弟及，

是古代的**繼承制度**。

簡單點講就是老爹**傳位**給兒子。

父　　　子

也可以老哥**傳位**給弟弟。

兄　　　弟

在春秋這個**混亂**的時期，

有的國家**父死子繼**，

爸爸！

交給你啦……

有的則**兄終弟及**。

哥哥！

交給你啦……

還有的⋯⋯

則**混合**著來⋯⋯

交給你啦⋯⋯

《史記・魯周公世家》：
「一繼一及，魯之常也。」

而這期的主角正是一位「倒楣」的**嫡長子**。

非酋：指運氣極差的人。

他就是**吳王** —— 闔_{ㄏㄜˊ}閭_{ㄌㄩˊ}喵。

闔閭

《史記・吳太伯世家》：
「公子光（即闔閭）者，
王諸樊之子。」

這事還得從頭講起。

（就是這麼囉嗦。）

闔閭喵從小**志**向遠大。

《史記・吳太伯世家》：
「光有他志。」

一定要幹大事！

一是想當**王**，

《史記・吳太伯世家》：
「我真王嗣，當立，吾欲求之。」

【威震東南】

二是想當**霸主**。

可惜呢，他一直沒當上……

啪……

這原因，

就是他們家的人都想把王位傳給他四叔……

《公羊傳・襄公二十九年》：
「謁也，餘祭也，夷昧也，與季子同母者四，季子弱而才，兄弟皆愛之，同欲立之以為君。」

出眾真是討厭！！

我也不想一直散發魅力。

所以為了他**四叔**能當上王，

家裡人打算根據父死子繼，兄終弟及的禮法**傳位**。

是啊。

沒辦法。

只能這麼辦了。

這個充滿魅力的傢伙。

《公羊傳・襄公二十九年》：
「請無與子而與弟，弟兄迭為君。」

於是乎，他爺爺**傳位**給了他爹。

《史記・吳太伯世家》：
「二十五年，王壽夢
卒……於是乃立長子諸
樊，攝行事當國。」

他爹**傳位**給了他二叔。

《公羊傳・襄公二十九
年》：
「故謁也死，餘祭也立。」
《史記・吳太伯世家》：
「十三年，王諸樊卒。有
命授弟餘祭，欲傳以次，
必致國于季劄而止，以稱
先王壽夢之意。」

【威震東南】

他二叔**傳位**給了他三叔。

《公羊傳・襄公二十九
年》：
「餘祭也死，夷昧也立。」
《史記・吳太伯世家》：
「十七年，王餘祭卒，弟
餘昧立。」

等要傳給他四叔的時候……

《史記·吳太伯世家》：
「四年，王餘眜卒，欲授
弟季劄。」

他四叔……**跑了。**

《史記·吳太伯世家》：
「季劄讓，逃去。」

什麼！

老子有自己的夢
想，才不想繼承
億萬身家！

溜了溜了！

沒辦法……

他三叔只能**傳位**給了他自己的兒子……

交給你了……

哦……

《史記·吳太伯世家》：
「於是吳人曰：『先王有
命，兄卒弟代立，必致季
子。季子今逃位，則王餘
眜後立。今卒，其子當
代。』乃立王餘眜之子僚
為王。」

反正！

就是**輪不到**闔閭喵……

然而闔閭喵並**沒有灰心**，

而是暗暗**招賢納士**，**準備著**日後尋機**逆襲**。

《史記・吳太伯世家》：

「陰納賢士，欲以襲王

僚。」

當時，鄰居的楚國已經**稱霸許久**。

呂思勉《先秦史》：

「是時楚勢可謂極盛。」

白壽彝《中國通史》：

「魯成公二年，楚莊王雖

然已死，但楚國在蜀地召

集十二諸侯會盟，秦、齊

大國都曾到會，可見楚國

勢力之大。」

於是作為對手，吳國動不動……
就讓闔閭喵出門**打楚國**。

《史記‧楚世家》：
「吳使公子光伐楚……使
公子光因建母家攻楚。」

邊界有人採桑葉起**爭執**了？

《史記‧吳太伯世家》：
「楚邊邑卑梁氏之處女與
吳邊邑之女爭桑。」
《史記‧楚世家》：
「吳之邊邑卑梁與楚邊邑
鐘離小童爭桑。」

打楚國！

《史記‧吳太伯世家》：
「吳王怒，故遂伐楚，取
兩都而去。」
《史記‧楚世家》：
「吳使公子光伐楚，遂敗
陳、蔡，取太子建母而去。
楚恐，城郢。」

打楚國把船打丟了**不敢回家**？

《史記・吳太伯世家》：
「王僚二年，公子光伐
楚，敗而亡王舟。光懼。」

繼續打！把船**搶回來**為止！

《史記・吳太伯世家》：
「襲楚，復得王舟而還。」

【威震東南】

反正吳國**每天**就是吃飯、睡覺、**打楚國**！

《史記・吳太伯世家》：
「王僚二年，公子光伐
楚……八年，吳使公子光
伐楚，敗楚師……九年，
公子光伐楚。」

085

而這邊闔閭喵也是**鬱悶**。

楚國天天打，自己卻**不是大王**！

《公羊傳・襄公二十九年》：
「闔廬（閭）曰：『……我宜立者也，僚惡得為君乎？』」

這……可能連上天也覺得這樣的**劇情**實在

太無聊……

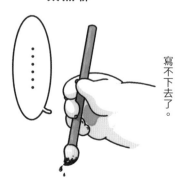

寫不下去了。

於是突然有一天！
楚王就掛了……

《史記·吳太伯世家》：
「十二年冬，楚平王卒。」

這對吳國來說，真是個**大好時機**啊！

於是，吳國**趕緊集結**部隊開著就過去**打楚國**。

《史記·吳太伯世家》：
「十三年春，吳欲因楚喪而伐之，使公子蓋餘、燭庸以兵圍楚之六、灊。」

接著，就**被困住了**……

《史記·吳太伯世家》：
「楚發兵絕吳兵後，吳兵
不得還。」

你沒看錯！

吳軍去打楚國，結果就**被圍住**回不來了。

《左傳·昭公二十七年》：
「吳師不能退。」

不過這倒是給了闔閭喵一個**機會**！

好機會

?!

《史記·吳太伯世家》：
「於是吳公子光曰：『此
時不可失也。』」
《左傳·昭公二十七年》：
「吳公子光曰：『此時
也，弗可失也。』」

他趁著**國內空虛**，馬上端了現任吳王。

走你！

《史記·吳太伯世家》：
「方今吳外困于楚，而內
空無骨鯁之臣……遂弒王
僚。」
《公羊傳·襄公二十九
年》：
「於是使專諸刺僚。」

自己**登上了王位**。

《史記·吳太伯世家》：
「公子光竟代立為王，是
為吳王闔廬。」

媽媽，我成功了⋯⋯

上位後的闔閭喵更加**勤於政務**，

《國語·楚語》：
「夫闔廬口不貪嘉味，耳
不樂逸聲，目不淫於色，
身不懷于安，朝夕勤志，
恤民之羸，聞一善若驚，
得一士若賞，有過必悛，
有不善必懼。」

【威震東南】

處處與喵民們**同甘共苦**。

《左傳·哀公元年》：
「昔闔廬食不二味，居不
重席，室不崇壇，器不彤
鏤，宮室不觀，舟車不飾，
衣服財用，擇不取費……
勤恤其民而與之勞逸。」

吃最簡單的。

吧唧　吧唧

《左傳·哀公元年》：
「在軍，熟食者分，而後
敢食。其所嘗者，卒乘與
焉。」

住最樸素的。

《左傳·哀公元年》：
「室不崇壇……宮室不
觀。」

就連鬧瘟疫都要**親自**去巡視。

《左傳・哀公元年》：
「在國，天有災癘，親巡
孤寡，而共其乏困。」

久而久之！
吳國變得**上下一心**，國力不斷地**壯大**。

《左傳・哀公元年》：
「是以民不罷勞，死知不
曠。」
《國語・楚語》：
「夫闔廬……是故得民以
濟其志。」

【威震東南】

而這些努力，只為了一個**目標**！

一個！

那就是打**楚國**！

白壽彝《中國通史》：

「闔廬對伐楚之事毫不放鬆。」

果然，在闔閭上臺後的**十年中**，
楚國**大部分**情況下都被**揍個半死**……

《史記·吳太伯世家》：

「三年，吳王闔廬與子胥、伯嚭將兵伐楚，拔舒……四年，伐楚，取六與灊……六年，楚使子常囊瓦伐吳。迎而擊之，大敗楚軍于豫章，取楚之居巢而還。」

放過我好不好……

甚至國都也**差點被滅**了……

走你！

《史記·吳太伯世家》：

「九年……與唐、蔡西伐楚……楚兵大敗，走。於是吳王遂縱兵追之。比至郢，五戰，楚五敗。楚昭王亡出郢……十一年，吳王使太子夫差伐楚，取番。楚恐而去郢徙鄀。」

昔日的霸主**風光不再**。

《左傳·哀公元年》：「吳師在陳，楚大夫皆懼。」

而闔閭喵則**聲名大噪**，**威震東南**，

《荀子·王霸》：「吳闔閭……是皆僻陋之國也，威動天下，強殆中國。」

【威震東南】

取代了楚，成為了**新一代**的霸主。

翦伯贊《中國史綱要》：「楚由於這次失敗而失去了它強大的霸國地位。」

直到……

他的腳趾**被射了一箭**……

咻

《左傳‧定公十四年》：
「闔廬傷將指。」
《史記‧吳太伯世家》：
「傷吳王闔廬指，軍卻七里。」
《史記‧楚世家》：
「射傷吳王，遂死。」

然後掛了……

GAME OVER

《史記‧吳太伯世家》：
「吳王病傷而死。」

【第十七回】

闔閭喵的上位經歷相當**曲折**。

艱難。

在他奮發努力下，吳國**戰勝了**楚國。

扛把子：指第一把交椅、首屈一指的人物。

可惜這個霸主並沒有做多久……

（其實也做了十多年。）

那麼，那一箭**究竟**是誰射的呢？

（且聽下回分解）

【威震東南】

「父死子繼」和「兄終弟及」都是中國古代的王位繼承制度，夏朝時就以「父死子繼」為主。但君王去世後，如果其子太年幼，便難以執政。於是商朝便出現了「兄終弟及」制，與「父死子繼」制並用。但事實證明，「兄終弟及」制並有著更大的弊端——容易引發王位紛爭。如商朝中期就曾出現過爭權奪位的「九世之亂」。所以到了周朝，又用回「父死子繼」制，並嚴格規定王位由嫡長子繼承。

這在一定程度上避免了繼承中的矛盾和衝突，也被沿用了約三千年。同時，「兄終弟及」制並沒有徹底消亡。春秋時期，不少國家都採用過此制度（如宋國、魯國、秦國、吳國等）；在後來各朝代也偶爾出現。

另外，吳王闔閭的身世在史學界尚有爭議。《史記》記載，闔閭為父輩四兄弟中老大的兒子，而楊伯峻《春秋左傳注》中則認為闔閭是老三的兒子。本文採用《史記》的說法加以演繹。

闔閭——瓜子（飾）

參考來源：《史記》《左傳》《國語》《荀子》《公羊傳》、張大可《史記：白話本》、張創新《中國政治制度史（第二版）》、李玉潔《中國早期國家性質》、呂思勉《先秦史》、白壽彝《中國通史》、翦伯贊《中國史綱要》

【專諸刺王僚】

闔閭的前任吳王名叫僚。
闔閭為了奪權，
讓人在宴會上菜時，
將其刺殺。

專諸喵

【「神棍」四叔】

闔閭的四叔
似乎有預測未來的能力。
他預言晉國政權
將落入三個臣子手中，
一百多年後果然成真。

我招指一算，
凶兆啊！

【向我開炮】

闔閭他爸繼承王位後，
為了儘快傳位給他四叔，
打仗時總是故意衝在前面，
終於在登基十三年後戰死了。

老大！

來啊！砍
我啊！

群喵檔案

瓜子小劇場

《客服》　　　　　　　　《打遊戲》

瓜子是個網路商店賣家。

瓜子，我買了新的遊戲機。

我們來玩吧。

每天都要為各種顧客解決問題。

這衣服為啥色差這麼大！

水水，您好。

圖片是實拍的，只是因為拍攝燈光導致有一點點的色差。

而且這件衣服真的很適合您。

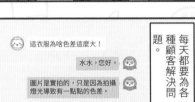

遊戲我不是很擅長……

來嘛！你贏了，我就答應你一個要求。

不僅每天令顧客都稱心滿意……

這件是今年巴黎秋冬時裝周同款，超模也穿這件衣服，但我覺得她們都不如您穿得好看。

但如果您不想太顯眼，咱們可以換一件樸素一點的。

我這裡幫您安排退換貨可以嗎？

這樣啊，那算了，我覺得這件也還行。

嗶嗶嗶嗶

嗶嗶嗶

嗶嗶嗶

?!

而且總能面帶微笑……

嘻！

真麻煩

能給我你們家一半的股份嗎？

瓜子

金牛座

生日：5月3日

身高：180cm

最喜歡的花：杜鵑

最愛的食物：牛排

性格特點：機靈聰明，

有點摳門。

（瓜子擬人介紹）

第十八回 · 吳越相爭

上集講到，
正當吳王闔閭喵**威風八面**之時，

《荀子・王霸》：
「吳闔閭……是皆僻陋之
國也，威動天下，強殆中
國。」

就被**一箭**！

《史記・越王句（勾）踐
世家》：
「射傷吳王闔廬（閭）。」

射死了……

《史記・越王句（勾）踐
世家》：
「闔廬（閭）且死。」

那麼這一箭是**誰射的**呢？

是**隔壁的**越王勾踐喵！

《史記・越王句（勾）踐世家》：「越因襲擊吳師，吳師敗於檇李，射傷吳王闔廬（閭）。」

說起吳越之間的恩怨，那是**悠久**得很。

顧德融《春秋史》：「吳越鬥爭早就開始。」

【吳越相爭】

103

首先吳國在**闔閭喵**當王時期，
就**經常**和越國鬧**矛盾**。

後來呢……
老越王就**掛了**。

吳國的闔閭喵於是趁機**大舉進攻**越國。

趁他病，
要他命！

吳

吳

新上任的越王，就是**勾踐喵**。

（這就是這段歷史的大背景。）

《史記·越王句（勾）踐世家》：

「子句（勾）踐立，是為越王。」

老爹剛死，**敵人**就上門**找碴**。

（當然不能站著挨打。）

〔吳越相爭〕

勾踐喵只能臨危受命，**正面**對上闔閭喵。

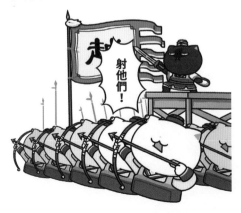

《史記·越王句（勾）踐世家》：

「越因襲擊吳師，吳師敗於檇李。」

射死闔閭喵的**那一箭**，就是這麼來的。

哼！

《史記・越王句（勾）踐世家》：

「射傷吳王闔廬（閭）。

闔廬（閭）且死。」

那麼這下好了。

兩邊都掛了王，

互相爭鬥的兩國變得更加**水火難容**……

看啥！

看你啊！

打我啊！

便當恩仇錄

家仇變成了國恨……

越國這邊是**初露鋒芒**的越王勾踐喵。

瘋起來連我
自己都敢砍。

童書業《春秋史》：

「允常去世，子句（勾）

踐嗣位。」

而吳國則是**新上任**的領導人 —— 吳王**夫差喵**。

童書業《春秋史》：
「吳王闔廬（閭）受了重
傷去世，子夫差即位。」

夫差喵**天生勇武**，

為了給爹報仇，他**日夜操練**，

《史記‧越王句（勾）踐
世家》：
「吳王夫差日夜勒兵，且
以報越。」

還找了個**隨從**站在院子裡。

說好的站著呢？

復誦喵

《左傳・定公十四年》：
「夫差使人立於庭。」

只要見到自己路過就**大喊**：
「夫差喵！你忘了越王殺了你爸爸了嗎？」

【第十八回】

《左傳・定公十四年》：
「苟出入，必謂己曰：
『夫差！而忘越王之殺而
父乎？』」

忘了嗎！！

我沒有！

復誦喵

以此來**警示**自己要記住**報仇**的事。

爸爸！

《左傳・定公十四年》：
「則對曰：『唯，不敢
忘！』」

在夫差喵的**努力**下，
吳國慢慢走出了戰敗的陰霾，準備著**復仇**！

童書業《春秋史》：「這樣過了三年，預算充足，動手報仇。」

【吳越相爭】

而這會兒……打敗了吳國的勾踐喵
則顯得**有點輕敵**……

寂寞 無敵

得知吳國還在恢復，
於是**貿然**興兵**攻打**。

看我去滅了他！

《史記・越王句（勾）踐
世家》：
「句（勾）踐聞吳王夫差
日夜勒兵，且以報越，越
欲先吳未發往伐之。」

結果呢……
卻被夫差喵**圍困**在**會稽山**上。

《史記・越王句（勾）踐
世家》：
「越王乃以餘兵五千人保
棲於會稽。吳王追而圍
之。」

勾踐喵真不愧是**見過大場面**的喵。

他**臨危不懼**！

然後……

當場跪下求夫差喵放過……

（怎麼不按說好的來？）

《史記‧越王句（勾）踐
世家》：
「乃令大夫種行成於吳，
膝行頓首。」

爸爸……

跪

（沒錯，劇情就是這麼演的。）

（一臉尷尬。）

勾踐喵不僅表示可以當夫差喵的**臣子**，

……

再愛我一次……

還願意**貢獻**出自己的**親人**……

笑納……

反正就是要多窩囊就裝多窩囊。

果然在這般示弱之下，
夫差忘記了仇恨，
選擇**原諒他**……

《史記‧越王句（勾）踐
世家》：
「吳王……卒赦越，罷兵
而歸。」

但此時的勾踐喵內心
卻**燃起**了熊熊的**復仇之火**。

復仇的火焰

他**韜光養晦**，

睡在**枯樹枝**做的床上，

好刺！

《史記》未明確提及。有學者認為此事源于《吳越春秋》中的「越王……目臥，則攻之以蓼」，後人誤傳為「臥薪」。

沒事**舔一舔**懸掛在房間裡的**苦膽**。

好苦

《史記・越王句（勾）踐世家》：「置膽於坐，坐臥即仰膽，飲食亦嘗膽也。」

為的就是提醒自己！
「你忘記會稽山的**恥辱**了嗎？」

《史記・越王句（勾）踐世家》：「曰：『女忘會稽之恥邪？』」

惡夢

【吳越相爭】

「臥薪嘗膽」
的典故也就是這麼來的⋯⋯

臥薪嘗膽

115

勾踐喵和百姓**同甘共苦**，
越國慢慢變得比之前**更強大**。

《史記・越王句（勾）踐
世家》：
「身自耕作……與百姓同
其勞。」
翦伯贊《中國史綱要》：
「越王勾踐戰敗以後，不
忘會稽之恥，臥薪嚐膽，
『十年生聚而十年教訓』，
越的國力漸漸恢復起來。」

而且時刻**準備**著找吳國**算帳**。

（真的很記仇啊……）

《史記・越王句（勾）踐
世家》：
「句（勾）踐自會稽歸七
年，拊循其士民，欲用以
報吳。」

而夫差喵自從打敗了越國後則**不斷北上**。

（打群架，當霸主。）

童書業《春秋史》：
「吳王夫差打贏越國後北
上經營中原，侵伐陳國，
服屬魯、宋，破敗齊軍，
又邀為黃池之會。」

雖然**威名遠揚**，

翦伯贊《中國史綱要》：
「吳在爭霸方面雖有所得
逞。」

但連年的戰爭導致國內**日漸空虛**。

吃不消啊。

翦伯贊《中國史綱要》：
「但連年勞師動眾，造成
了國內的空虛。」

一個養精蓄銳，一個窮兵黷武。

（感覺結局沒啥懸念了……）

於是，當勾踐喵**再次發兵**的時候，

上！

夫差喵就被包圍了。

《史記・越王句（勾）踐
世家》：
「越大破吳，因而留圍之
三年，吳師敗，越遂複棲
吳王于姑蘇之山。」

勾踐喵並沒有給他機會，
而是直接發了**便當**……

《史記・越王句（勾）踐
世家》：
「吳王……遂自殺。」

至此！
勾踐喵**洗刷**了戰敗的**恥辱**，親手端了吳國。

《史記・越王句（勾）踐
世家》：
「句（勾）踐已平吳。」

【吳越相爭】

119

代替夫差北上諸侯，成為了春秋最後的**霸主**。

【第十八回】

《史記・越王句（勾）踐世家》：

「乃以兵北渡淮，與齊、晉諸侯會于徐州，致貢于周。周元王使人賜句（勾）踐胙，命為伯……號稱霸王。」

在春秋這個**亂世**裡，
南方諸國的**競爭**也異常**激烈**。

童書業《春秋史》：

「春秋末年南方戰局的混亂，對於整個中國史是很有關係的。」

倘若當時，
在**北方政局不穩**的情況下，
南方有大國**北上侵吞**。

童書業《春秋史》：

「因為當時北方諸國政局不定，若南方形勢稍微安穩，吳楚必乘晉霸衰微，起來吞併中原。」

也許**華夏**的中原文化**基礎**就會改變……

童書業《春秋史》：
「這樣一來，或許為中國
文化基礎的戰國文化便會
大變換個樣子。」

至此，

經過**多年**的混戰，

春秋時期已經進入**末期**。

白壽彝《中國通史》：
「吳越爭霸實際上已是霸
業的迴光還（返）照了。」

楊寬《戰國史》：
「越王勾踐就是春秋時代
的最後一個霸主。」

混戰的中原地區，又會發生什麼事件呢？

（且聽下回分解）

「臥薪嚐膽」的真實性存在爭議。《史記》明確記載勾踐「乃苦身焦思，置膽於坐，坐臥即仰膽，飲食亦嘗膽也」；但《左傳》和《國語》卻未見著墨。有學者稱，由於明末傳奇劇本《浣紗記》等文學作品對於越王勾踐「臥薪嘗膽」的大篇幅描寫，讓這個故事家喻戶曉。因「臥薪嘗膽」已為大眾所熟知，今以《史記》為參考完成此話。

《史記》記載越軍「射傷吳王闔廬（閭）」。而《左傳》記載「靈姑浮以戈擊闔廬（閭），闔廬（閭）傷將指，取其一屨」，即越國名將靈姑浮將闔閭擊敗。本篇採用《史記》中的觀點。

童書業在《春秋史》一書中指出，春秋時期中原諸夏各國和蠻夷時有戰亂，為了抵禦蠻族，諸夏各國產生了伯主制度，即「尊王攘夷」。而在春秋末期中原諸夏各國政變之時，南方「蠻夷」諸國也發展為楚、吳、越三足鼎立。假如南方各族未受混戰牽制而北上，中原文化可能就不是目前這樣了。

勾踐──烏龍（飾）

夫差──油條（飾）

闔閭──瓜子（飾）

參考來源：《史記》《荀子》《左傳》、顧德融《春秋史》、童書業《春秋史》、翦伯贊《中國史綱要》、白壽彝《中國通史》、楊寬《戰國史》

附錄

【夏禹後裔】

越國的祖先是夏禹的後裔。
夏朝第六代君主少康的兒子，
被封到會稽建設城邦，
也就是後來的越國。

瘋起來
連自己都砍

【勾踐奇招】

為了擊退來犯的吳王闔閭，
勾踐讓部分越軍排成三行，
衝到吳軍面前自殺。
吳軍嚇到傻掉，
然後就被打敗了……

【美人計】

勾踐為了報復夫差，
決定挑選美女獻給夫差。
其中就有「四大美人」之一的西施。

《被誤會的苦惱 1》　　　　《被誤會的苦惱 2》

我是煎餅……

大家好……

我是烏龍……

大家好……

每天都在上班高峰期坐公車。

有時候總會和煎餅一起坐公車。

可是不知道為啥……

可不知道為啥……

車廂總是這麼寬敞

那個人好可怕……

不會是逃犯吧？

好凶啊！

車廂總是這麼寬敞

今天更可怕了

今天怎麼多了一個？

烏龍

巨蟹座

生日：7 月 11 日

身高：180cm

最喜歡的花：山茶花

最愛的食物：起司草
莓蛋糕

性格特點：溫柔沉默，
喜歡照顧別人。

（烏龍擬人介紹）

125

烏龍的便當
Wulong's Bento

第十九回 ● 三家分晉

自從周朝初期，**分封列國**諸侯開始。

諸侯們**打打殺殺**。

至六百年後的**春秋末期**，

【第十九回】

大多數國家已被**兼併消亡**。

【三家分晉】

留下來的只有**「過氣」**老大—— 周天子，

和僅存的**小部分**國家。

而在存活下來的國家中，**最強**的就是晉。

【第十九回】

晉國不僅**幅員遼闊**，

而且**兵強馬壯**。

白壽彝《中國通史》：
「晉文公的霸業，比齊桓
公更有軍事上的成就。」
《史記·晉世家》：
「晉作三軍。」

但它有個很大的**問題**──

【三家分晉】

131

那就是，晉國沒有「自己人」……

請往下看。

這個有點複雜。

《國語・晉語》：「國無公族焉。」

簡單點來講就是，**晉**曾經出現過**內亂**。

《史記・晉世家》記載了晉國「曲沃」和「翼」兩宗的鬥爭，歷經六十七年，晉君先後有六位被弒，大宗公族大多隨之犧牲，最終以小宗戰勝大宗為結局。

搞得自己的親族要麼**被放逐**，要麼**不被重用**。

童書業《春秋史》：「只有晉國因懲曲沃等亂，削損公族勢力不遺餘力。」
《左傳・莊公二十五年》：「晉侯圍聚，盡殺群公子。」

這個結果，導致什麼事情呢？

那就是晉國的**權力**最終**旁落**到臣子手中。

晉國雖大，卻無奈**權臣當道**……

把持晉國朝政的主要有**四大勢力**，

分别是**智**、**趙**、**魏**、**韓**四家。

白壽彝《中國通史》：
「只有以智伯瑤為首的智氏、韓康子為首的韓氏、趙襄子為首的趙氏和魏恒子為首的魏氏四家掌握晉國的命運。」

智家**實力最強**。

《史記・晉世家》：
「當是時，晉國政皆決知（智）伯，晉哀公不得有所制。知伯遂有范、中行地，最彊。」

所以智家動不動就**欺負**另外三家。

……

走，請我吃飯！

《資治通鑒》：
「智伯戲康子而侮段規。」

有一次，智家向韓、魏兩家**勒索**土地。

《資治通鑒・周紀一》：
「智伯請地於韓康子……
又求地於魏桓子。」

韓家和魏家**迫於**智家的實力，

不得不從……

哇……

輕鬆！

《資治通鑒・周紀一》：
「智伯好利而愎，不與，
將伐我……（韓）使使者
致萬家之邑于智伯。」「奈
何獨以吾為智氏質乎？
……（魏）復與之萬家之邑
一。」

【三家分晉】

但當智家向趙家**索要**土地時，

喲！分
點……

《資治通鑒・周紀一》：
「智伯又求蔡、皋狼之地
於趙襄子。」

趙家**拒絕了**！

噹！

分你三姨夫！

《資治通鑒・周紀一》：「襄子弗與。」

這一拒絕就**出事了**。

生氣！！

臉都腫了！

智家帶著韓、魏一起來揍趙家。

揍他！

《資治通鑒·周紀一》：
「智伯怒，帥韓、魏之甲
以攻趙氏。」

趙喵們死死地守著城門不出去。

《資治通鑒·周紀一》：
「乃走晉陽。」
楊寬《戰國史》：
「趙氏（在晉陽）堅守一
年多。」

關緊！別理他們！

是！

【三家分晉】

而智家則用水灌他們。

哈哈哈哈

楊寬《戰國史》：
「知（即智）氏引晉水從
東北灌入城中，造成極大
災難。」
《資治通鑒·周紀一》：
「三家以國人圍而灌之，
城不浸者三版。沉灶產
蛙，民無叛意。」

眼看快要**扛不住了**。

趙家**趕緊**給韓、魏兩家**打電話**。

《資治通鑒》：
「趙襄子使張孟談潛出見
二子，曰：『臣聞唇亡則
齒寒。今智伯帥韓、魏而
攻趙，趙亡則韓、魏為之
次矣。』」

韓魏兩家一想：「**對啊！**」

《資治通鑒・周紀一》：
「二子曰：『我心知其然
也。』」

於是三家**暗暗密謀**。

耶！

《資治通鑒・周紀一》：「二子乃陰與張孟談約，為之期日而遣之。」

先是趙家**偷偷地**讓水**倒灌**智家軍營。

《資治通鑒・周紀一》：「襄子夜使人殺守堤之吏，而決水灌智伯軍。」

咋回事?!

等智家**陣腳大亂**，到處忙著救水……

快呀！堵住！

《資治通鑒・周紀一》：「智伯軍救水而亂。」

【三家分晉】

139

而這時韓、魏從**兩邊殺出**！

《資治通鑒‧周紀一》：「韓、魏翼而擊之。」

智家**一臉茫然**……

發生啥事

最後韓、趙、魏**三面夾擊**智家！

讓你跩！！

《資治通鑒‧周紀二》：「襄子將卒犯其前。」

智家**當場**便當……

《資治通鑒・周紀一》：
「大敗智伯之眾。遂殺智
伯，盡滅智氏之族。」

從此智家的**勢力**被三家**瓜分**。

《史記・晉世家》：
「趙襄子、韓康子、魏桓
子共殺知（即智）伯，盡
並其地。」

【三家分晉】

四大家族變成了**三大家族**。

楊寬《戰國史》：
「從此『三家分晉』的局
面形成。」

韓、趙、魏不但**把持著**晉的朝政，

楊寬《戰國史》：
「晉雖然名義上為三晉所
擁戴，實際上已成為三晉
的附庸。」

而且還不斷**對外發展**，

楊寬《戰國史》：
「趙襄子在攻滅知（智）
氏後，也曾攻中山……這
時三晉都很強盛，逐步在
中原發展他們的勢力，擴
充地盤。」

各自的勢力也**越來越大**。

連「過氣」老大**周天子**都**不得不承認**
他們的實力，給他們**各自封侯**。

《資治通鑒・周紀一》：
「威烈王二十三年……初
命晉大夫魏斯、趙籍、韓
虔為諸侯。」

春秋末期的「巨人」晉，沒有**敗於**外敵……

卻從內部走向了**分裂**，
變成了三個新興的強國。

《資治通鑒·周紀一》：
「今晉大夫暴蔑其君，剖
分晉國。」

在春秋期間，
諸侯間其實仍然**遵守著**周的禮法，

《資治通鑒·周紀一》：
「《春秋》抑諸侯，尊周
室，王人雖微，序於諸侯
之上。」

即使再強大也**只敢**稱霸。

懂……

給你面子，懂嗎？

只有國與國之間的兼併，而極少「**以下弒上**」。

一口吞 ✔

下克上 ✘

但「**三家分晉**」的事件，
意味著新興封建**勢力**與舊貴族之間的**鬥爭**。

周天子對韓、趙、魏的行為，
不僅**沒有懲罰**，反而**賜封**為諸侯，
標誌著君臣之間的「規矩」**徹底崩壞**。

《資治通鑒・周紀一》：
「先王之禮於斯盡矣。」

楊寬《周代史》：
「所謂『九鼎』原是代表
周天子的權力的，
使命令卿大夫升為諸侯，
按照禮制來說，確是震動
天子權力的大事。」

《資治通鑒・周紀一》：
「君臣之禮既壞矣，則天
下以智力相雄長。」

簡單點講就是，
只要你**有頭腦有實力**，你就可以**爭雄**。

周初的八百諸侯國基本**消失殆盡**。

而在僅存的國家中，**七大勢力**同時並存。

華夏大地開始進入了一個更加**混亂**的時代。

那麼，之後歷史的**車輪**會往何處**轉動**呢？

你猜。

（且聽下回分解）

【三家分晉】

編者按

在早期，中國人的「姓」和「氏」是分開的。姓是一種族號，用來標記共同的祖先；而氏則是一族分為若干分支後，每個分支的特殊稱號。有一些史籍稱，韓、魏都是姬姓（與周王室同姓），而韓更是晉國公族的後代。但是，中國著名史學家白壽彝認為，三晉的族姓是有問題的，韓、魏都很有可能不是姬姓。而三家分晉實際上是異姓貴族取代了姬姓貴族的政權。此處採用白老師的說法。

關於戰國時期開始的時間，共有七種說法。春秋結束的時間，也有四五種說法。此處採用《資治通鑒》的分法，以公元前四〇三年「三家分晉」作為春秋的結束和戰國的開始。

智家——煎餅（飾）

趙家——饅頭（飾）

韓家——豆花（飾）

魏家——湯圓（飾）

參考來源：《史記》《國語》《左傳》《資治通鑒》、李學勤主編《戰國史與戰國文明》、翦伯贊《中國史綱要》、童書業《春秋史》、白壽彝《中國通史》、楊秋梅《晉國的始盛之君——晉獻公》、楊寬《戰國史》《周代史》、呂思勉《先秦史》、人民教育出版社《普通高中課程標準實驗教科書·歷史必修一》

148

【六大勢力】

除了智、韓、趙、魏外，
最初掌握晉國的還有
范氏和中行氏兩家，
共稱「六卿」，
只不過他倆早早就被其他四家
幹掉了。

【天使的預言】

《史記》記載智、韓、魏三家攻趙時，
有三位「天使」送給了趙家一根竹棍，
趙人破開竹棍，
發現裡面預言趙家必勝。

【「九鼎大震」】

韓、魏、趙被封為諸侯這年，
象徵周天子王權的九鼎大震，
有人認為這是周朝將要倒閉的
前兆。

煎餅小劇場

《煎餅的小愛好》

扭
扭
砰!
我要那套限量版裙子，快包起來!
好……
推

《饅頭的小愛好》

我是饅頭。
興趣是買可愛的小裙子。
但我每次去，裙子都被人買走了!
抱歉，您又來晚了……
到底是誰?!
好美!

煎餅

雙魚座

生日：3月3日

身高：182cm

最喜歡的花：櫻花

最愛的食物：馬卡龍

性格特點：細緻靦腆，

很容易緊張。

（煎餅擬人介紹）

煎餅的便當
Jianbing's Bento

第二十回 · 商鞅變法

秦，

是**地處邊陲**的一個國家。

祖上靠**養馬**起家，

後來因**護駕**有功，

快掩護周老
大撤退！

是！

《史記·秦本紀》：「周避犬戎難，東徙雒邑，襄公以兵送周平王。」

受封為**諸侯**。

《史記·秦本紀》：「平王封襄公為諸侯，賜之岐以西之地。」

可是呢……

畢竟是「**養馬**」的……

這出身就一直受到中原列國的**鄙視**……

《資治通鑒·周紀二》：「皆以夷翟遇秦，擯斥之，不得與中國之會盟。」

養馬惹你了？

所以對於秦的**歷代**國君而言，

發展壯大後進入中原「上流社會」就是**最高綱領**。

白壽彝《中國通史》：「秦一步一步向東發展……開始參加華夏諸侯的爭霸戰爭與會盟。」

但……**怎麼做呢**？

《史記‧秦本紀》：「（秦孝公）下令國中曰：『賓客群臣有能出奇計彊秦者，吾且尊官，與之分土。』」

這個難題直到**一位喵**的出現而**迎刃而解**。

他就是**商鞅喵**！

《史記‧商君列傳》：「商君者，衛之諸庶孽公子也，名鞅，姓公孫氏。」

商鞅變法

鞅喵原本在**魏國打工**。

《史記‧商君列傳》：「鞅少好刑名之學，事魏相公叔座（痤）為中庶子。」

魏國的**老臣**曾經**向魏王推薦過**鞅喵。

交給他……

他很聰明的……

如果要重用他，就把整個國家……

……

《史記・商君列傳》：
「公叔曰：『座之中庶子公孫鞅，年雖少，有奇才，願王舉國而聽之。』」

《史記・商君列傳》：
「惠王既去，而謂左右曰：『公叔病甚，悲乎，欲令寡人以國聽公孫鞅也，豈不悖哉！』」

可惜人家魏王**不聽**……

老糊塗了吧？

鞅喵這才**帶著**自己的**治國理論**來到了**老秦家**。

嗨！

《史記・商君列傳》：
「公孫鞅聞秦孝公下令國中求賢者……乃遂西入秦，因孝公寵臣景監以求見孝公。」

秦王一開始並**不看好**商鞅喵的**理論**。

《史記·商君列傳》：

「罷而孝公怒景監曰：

『子之客妄人耳，安足用

邪！』」

但經過四次的**面談**，

商鞅喵卻**俘虜**了秦王的心！

《史記·商君列傳》：

「孝公既見衛鞅，語事良

久，孝公時時睡，弗聽……

鞅復見孝公，益愈，然而

未中旨……鞅復見孝公，

孝公善之而未用也……衛

鞅復見孝公。公與語，不

自知膝之前於席也。語數

日不厭。」

於是乎！

一場由**鞅喵主導**的秦國**升級計畫**拉開了帷幕……

《史記‧商君列傳》：
「孝公既用衛鞅……以衛鞅為左庶長，卒定變法之令。」

史稱**「商鞅變法」**。

商鞅變法

「商鞅變法」一開始先是**廢除**「世卿世祿制」，
改實行**「官僚制」**。

人民教育出版社《普通高中課程標準實驗教科書‧歷史選修一》：
「官吏從有軍功的人中選用……『廢除世卿世祿制』。」

簡單點說就是原來**「老子當完兒子當」**的制度……

商務印書館《古代漢語詞典（第2版）》：「世祿：世代享有祿位……世卿：世代承襲為卿大夫。」

變成了……

「幹完就得滾」……

《史記·商君列傳》：「宗室非有軍功論，不得為屬籍。」

【商鞅變法】

法令的實施不僅**削弱**了**貴族**們的地方**勢力**，

還加強了**中央**對地方的**控制**。

按

【第二十回】

這實際上就是秦國多年以後**郡縣制**的**雛形**。

郡縣制

秦

也是中國兩千多年封建社會**中央集權**的**雛形**。

（是不是很厲害！）

中央集權

人民教育出版社《普通高中課程標準實驗教科書·歷史選修一》：

「中央集權制度，奠定了中國兩千多年政治制度的基本格局。」

而鞅喵的變法，主要**目標其實是兩個**。

一是**富國**。

人民教育出版社《普通高中課程標準實驗教科書·歷史選修一》：

「商鞅變法首先是發展農業生產，增強經濟實力。」

在當時的情況下，**鐵器**已經**出現**。

人民教育出版社《普通高中課程標準實驗教科書・歷史選修一》：

「鐵農具和牛耕出現並逐步推廣。」

生產力被大大地**提高**。

（每個成年喵能生產更多的糧食。）

人民教育出版社《普通高中課程標準實驗教科書・歷史選修一》：

「農業生產有了較大發展，手工業技術日益進步。」

攻擊　99　　速度　Max
耐力　999　產出　Max

於是鞅喵規定，種得越多**獎勵**就**越多**。

+1
+1
+1
+1

《史記・商君列傳》：

「僇力本業，耕織致粟帛多者復其身。」

白壽彝《中國通史》：

「努力搞好生產，糧食和布帛生產多的，可以免除勞役。」

而家裡如果有**兩個**成年公喵，

就需要**分家**。

然後按家庭為單位來**收取賦稅**。

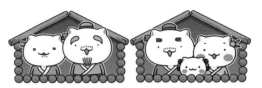

這樣一來，

不僅喵民們能種更多的地，**收入變多**。

國家也因此獲得**更多稅收**。

白壽彞《中國通史》：「商鞅如此獎勵一家一戶、男耕女織的生產方式，有利於封建生產力、封建生產關係的發展。這種以一家一戶為單位的小農經濟，是封建政治的經濟基礎。」

一舉兩得！

接著是**強兵**。

人民教育出版社《普通高中課程標準實驗教科書·歷史選修一》：「商鞅變法的根本目的是在富國的基礎上實現強兵。」

鞅喵在秦國實行**軍功爵制度**。

人民教育出版社《普通高中課程標準實驗教科書·歷史選修一》：「獎勵軍功，實行二十等爵制。」

意思就是你上戰場**砍人**，

鬼才信你！

別跑！讓我砍一下……一下就好！

〔商鞅變法〕

砍一個就給你記一次**功勞**。

白壽彝《中國通史》：

「獎勵軍功的具體辦法是：凡在戰爭中斬得敵一個首級的，賞給爵位一級……斬得敵人兩個首級的，賞給爵位兩級。」

你**砍**的喵夠多，不僅**給錢給房**，

《史記·商君列傳》：

「明尊卑爵秩等級，各以差次名田宅，臣妾衣服以家次。」

甚至還能**當官**！

白壽彝《中國通史》：

「官爵的提升是跟斬首敵首級的軍功相稱的。」

【第二十回】

這個**規定**可不得了⋯⋯

秦國的喵民們一下就被**撩**了起來。

因為法令的頒佈就是告訴大家，

要致富先砍人啊⋯⋯

《史記・商君列傳》：
「有軍功者，各以率受上
爵。」

169

你可以想像下……

在此之後，秦軍眼裡的**敵軍**腦袋，
已不再是腦袋了……

每個**秦兵**一到戰場上
如同磕了藥一般**瘋狂砍人**。

【第二十回】

《史記·商君列傳》：
「民勇於公戰。」

所以六國的士兵每當遇到秦軍時都是**瑟瑟發抖**。

鞅喵一邊**鼓勵**大家拼命種地。

《反經・臣行》：「夫商君，內急耕戰之業。『向日：』」

一邊**鼓勵**大家拚命**砍人**。

好好幹！

唔！

《反經・臣行》：
「外重戰伐之賞。」

鞅喵的**變法**取得了長足的**成效**。

《史記・商君列傳》：
「居五年，秦人富彊。」

秦在短短**幾年間**就變成了
戰國時期**最強大**的國家。

QIN 2.0

不但徹底甩掉了**落後**的帽子，
更變成了一隻**勢不可擋**的「**巨獸**」。

《史記·商君列傳》：
「天子致胙于孝公，諸侯
畢賀。」
《史記·屈原賈生列傳》：
「秦虎狼之國。」

在那個大兼併的戰國時代，
各國之間**表面**上是軍事力量的**競爭**。

翦伯贊《中國史綱要》：
「戰國時期兼併戰爭比春
秋時更為激烈和頻繁，規
模也更大。」

〔商鞅變法〕

實際上則是**改革能力**的比拼。

《國務院發展研究中心研究叢書：改革方法論與推進方式研究》：

「在硝煙彌漫的戰國時代……外在表像上是軍事實力的較量，在根本上則是改革能力的競爭。」

新的發展力需要新的**國家制度**，
「商鞅變法」就是適應**新時代**的變革。

人民教育出版社《普通高中課程標準實驗教科書・歷史選修一》：

「經濟基礎的變化，對上層建築提出了新的要求。」

它的厲害之處在於影響了
整個**秦國後世**的發展。

人民教育出版社《普通高中課程標準實驗教科書・歷史選修一》：

「商鞅變法的許多具體措施……長期得到沿用，對後世產生深遠影響。」

不但為秦國**統一**天下，打下了扎實的**基礎**，

有些甚至**保留**到以後的**其他朝代**。

《晉書・志・第二十章》：
「漢承秦制。」

秦的發展勢不可擋，

那麼其他六國又該**如何應對**呢？

喵！

（且聽下回分解）

戰國初期，社會的變化很大，許多國家都在變法、改革，如魏國有李悝變法、楚國有吳起變法等等。商鞅是李悝的學生，變法也和魏國的有相似之處，如當時的秦國法律，就是參考李悝的《法經》制定的。

商鞅變法其實分兩次。第一次變法內容有頒佈法律、實行連坐制、重農抑商、獎勵耕戰、禁止私鬥、頒佈依軍功行賞的二十等爵制等，第二次變法內容有廢除井田制、承認土地私有、推行縣制、統一度量衡、遷都咸陽等。商鞅制定的刑法十分嚴苛，輕罪重罰，比如在路邊倒垃圾，都會被砍去雙手；同時，新法實行連坐制，導致一些無辜的人也受罰。所以嚴苛的法律一方面使秦國變得路不拾遺、井井有條，另一方面也給人民帶來了痛苦。

編者按

商鞅——花卷（飾）

參考來源：《史記》《商君書》《資治通鑑》《反經》《晉書》、呂思勉《先秦史》、白壽彝《中國通史》、翦伯贊《中國史綱要》、人民教育出版社《普通高中課程標準實驗教科書‧歷史選修一》、商務印書館《古代漢語詞典（第 2 版）》、《國務院發展研究中心研究叢書：改革方法論與推進方式研究》

【貴族商鞅】

以變法聞名於天下的商鞅，
其實還是衛國國君的後裔。
所以，
商鞅也被稱作公孫鞅或衛鞅。

姓名　　公孫鞅
性別　男　祖籍　衛國
出生　ＸＸ年Ｘ月Ｘ日
住址　秦國Ｘ街Ｘ巷
　　　ＸＸ号

公民身份号码　ＸＸＸＸＸＸＸＸＸＸＸ

【徙木立信】

變法前，
商鞅在集市南門立了根木頭，
誰能搬去北門就可獲得重金，
用以樹立新法的威信。

【王子犯法】

商鞅的新法非常嚴厲，
太子犯法，
商鞅就處罰太子的老師，
表示法律面前人人平等。

《花卷的保鏢 1》

作為財團少爺的花卷，身邊總有很多保鏢。

吃飯是這樣。

購物是這樣。

上廁所也是這樣……

喂！

《花卷的保鏢 2》

花卷身邊總有許多保鏢。

為了暗中保護少爺，他們會隱藏在大街上。

隱藏在草叢中。

隱藏在廁所裡……

花卷

獅子座

生日：8 月 15 日

身高：179cm

最喜歡的花：牡丹

最愛的食物：炒飯

性格特點: 性格開朗，
出手大方，內心細膩。

（花卷擬人介紹）

179

花卷的便當
Huajuan's Bento

第二十一回 ● 六國合縱

如果說，

春秋是**講著禮儀**打打殺殺。

呂思勉《中國通史》：

「春秋之世，諸侯只想爭霸，即爭得二三等國的服從，一等國之間直接的兵爭較少。」

那到了**戰國**……就是毫無情誼地**瘋狂互砍**。

呂思勉《中國通史》：

「至戰國時……諸侯，亦不復將周天子放在眼裡，而先後稱王。二三等國，已全然無足重輕……諸一等國間，遂無復緩衝之國。」

在經歷了幾百年的**互相吞併**後，

華夏大地形成了**七大勢力**並存的局面。

分別是——

齊、楚、燕、韓、趙、魏、秦。

【六國合縱】

白壽彝《中國通史》：
「戰國時期，中國境內獨
立的國家不止七個，但國
勢強盛、互相雄長的，則
只有秦、楚、齊、魏、韓、
趙、燕七國。」

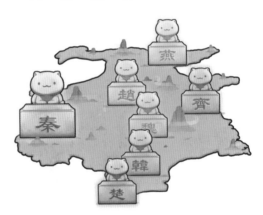

這之中，秦國通過變法的方式**快速升級。**

《韓非子》：
「秦行商君而富強。」

無論是**經濟**還是**軍事**，

程必定《中國經濟》：
「商鞅的變法很快見效，
秦的國力也逐漸增強，對
外戰爭也不斷取得勝利。」

都是**碾壓**著其餘**六國**的狀態。

人民教育出版社《義務教
育課程標準實驗教科書・
歷史七年級上冊》：
「經過商鞅變法，秦國的
經濟得到發展，軍隊戰鬥
力不斷加強，發展成為戰
國後期最富強的封建國
家。」

這可就**不好搞**啦……

不知怎辦……

六臉緊張

總的來說，六國想**硬幹**呢。

《過秦論》：「嘗以十倍之地，百萬之眾，叩關而攻秦。」

【六國合縱】

幹不過……

《過秦論》：「秦人開關延敵，九國之師，逡巡而不敢進。」

認輸呢。

我……

我……

我……

又**不甘心**。

（說不出口啊。）

《史記·蘇秦列傳》：「（韓王曰）寡人雖不肖，必不能事秦……（楚王曰）寡人之國西與秦接境，秦有舉巴蜀並漢中之心。秦，虎狼之國，不可親也……」

反正把六國給**愁**的呀……

組團抓頭

齊王　魏王　趙王　楚王　燕王　韓王

《史記·蘇秦列傳》：「秦無亡矢遺鏃之費，而天下諸侯已困矣。」

而正所謂有**需求**就有**市場**，
一群專為國君們**想法子**的「**名嘴喵**」應運而生。

【六國合縱】

他們大多**出生貧寒**，

卻**伶牙俐齒**……

這之中有一個嘴**特別厲害**的。

《戰國策·蘇秦以連橫說秦》：「當此之時，天下之大，萬民之眾，王侯之威，謀臣之權，皆欲決蘇秦之策。」

他就是**蘇秦**喵！

董英哲《先秦名家四子研究》：「以縱橫家而論……主要代表人物有蘇秦。」

蘇秦喵**從小**數理化不行，

倒是那張嘴……**唧哩呱啦，靈活得不行**……

我錯了，
別念啦！

熊劍平《中國古代情報史》：「蘇秦曾用功學習縱橫家的學說，是鬼谷子的高足。」

他長大後，本想著**靠嘴皮子**混口飯吃。

《史記·蘇秦列傳》：「周人之俗，治產業，力工商，逐什二以為務。今子釋本而事口舌。」

【六國合縱】

可惜……想多了……

（一份錄取通知書都沒有……）

白壽彝《中國通史》：「（蘇秦）外出遊說了幾年，遭到很多困難、挫折。」

不僅工作沒找著，還遭家人**無情**的**嘲笑**……

沒出息的傢伙！

笨蛋！

傻兒子！

《史記・蘇秦列傳》：
「出遊數歲，大困而歸。
兄弟嫂妹妻妾皆笑之。」

真是**羞辱**啊……

不能忍！

於是乎，蘇秦喵一頭**栽進書海**裡。

啪

啪

《戰國策・秦策一》：
「乃夜發書，陳篋數十。」

他**發奮讀書**！

《史記・蘇秦列傳》：
「得周書陰符。」

【六國合縱】

刻苦學習！

《史記・蘇秦列傳》：
「伏而讀之。」

學到睏了，甚至不惜拿錐子**扎**自己**大腿**⋯⋯

噗嗤！

《戰國策・秦策一》：
「（蘇秦）讀書欲睡，引錐自刺其股，血流至足。」

終於！
他終於帶著滿腹經綸，
再次踏上胡說八道的征途！

《戰國策・秦策一》：
「期年，揣摩成。」

然後**失敗了**⋯⋯

而且**還不止**失敗一次。
他去見**周天子**……

滾！

《史記・蘇秦列傳》：
「求說周顯王。」

被拒。

《史記・蘇秦列傳》：
「顯王左右素習知蘇秦，
皆少之。弗信。」

去見**秦君**……

滾！

《史記・蘇秦列傳》：
「（秦）方誅商鞅，疾辯
士，弗用。」

〔六國合縱〕

被拒。

去見**趙王**……

滾！

《史記・蘇秦列傳》：
「趙肅侯令其弟成為相，
號奉陽君。」

嗯，**還是被拒**。

悲劇啊！

《史記·蘇秦列傳》：

「奉陽君弗說之。」

然而，蘇秦喵倒也**沒有氣餒**。

其實是有一點點的啦。

走了一通後，他發現**一個點**。

……

張大可《史記觀止》：

「總結以往遊說失敗的教訓……蘇秦智慧大增。」

〔六國合縱〕

195

那就是，

大家似乎都很**畏懼秦國**的強大啊……

熊劍平《中國古代情報史》：

「縱橫家非常看重戰略決策對國際局勢演變的決定性作用，並試圖以敵我關係的重新整合來改變各國的強弱態，乃至整個國際局勢的走向。」

咳咳！這下他的**主角光環**終於亮了。

既然**大家**都單挑不了秦，

為啥不**圍毆他**呢？

《史記・蘇秦列傳》：

「天下之地圖案之，諸侯之地五倍於秦，料度諸侯之卒十倍於秦，六國為一，並力西鄉而攻秦，秦必破矣。」

於是乎蘇秦喵帶著這個點子，
重新開始**遊說六國**國君。

熊劍平《中國古代情報史》：

「蘇秦……以當時諸侯國盛行的客卿制度為依託，公開出使。」

果然，大家聽到這個點都**恍然大悟**。

組團驚訝

【六國合縱】

紛紛**託付**蘇秦喵去實行**結盟之事**。

《史記·蘇秦列傳》：

「於是六國從合而並力焉。」

197

蘇秦**最風光**的時候，
不僅身上佩戴著**六個**國家的**相印**，

《史記》：
「蘇秦為從約長，並相六國。」

而且走到哪都是**香車寶馬**，保鏢一堆。

白壽彝《中國通史》：
「車輛馬匹輜重以及各諸侯國派使者護送他的，為數很多。」
《資治通鑒》：
「車騎輜重擬於王者。」

蘇秦喵的這一**計謀**使當時的**局勢產生**了深刻的**變化**。

原本在西邊的**秦國**，
因其強大的實力**不斷東進**著。

白壽彝《中國通史》：
「秦的國勢日強。秦與東
方各國的關係……實際上
是日益緊張。」

六國眼看**岌岌可危**。

瑟瑟發抖

蘇秦喵的出現則**促成了六國抗秦**的局勢，
使六國**「一致對外」**。

槍口瞄準！

？！

馬東峰《用年表讀懂中國
史》：
「出現了兩種外交思想，
一種是合縱，韓、魏、趙、
燕、楚、齊六國合力西向，
共同抵抗暴秦，代表者蘇
秦。」

當蘇秦喵把**六國盟約**送到秦國時，

《史記·蘇秦列傳》：「乃投從約書於秦。」

即使強大無比的秦國也**不敢**亂來。

我不生氣打人不好
要冷靜好好說話
消消氣　秦　微笑

整整十五年的時間**沒有**大規模的**東進**行動。

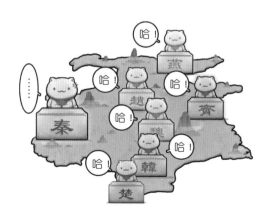

《史記·蘇秦列傳》：「秦兵不敢窺函谷關十五年。」

這道**無形**的壁壘**阻隔**在秦的面前，

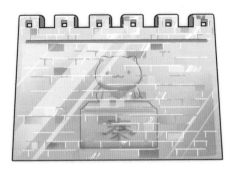

馬東峰《用年表讀懂中國史》：

「六國聯盟，讓秦人日夜驚恐。」

史稱**「合縱」**。

沈長雲《戰國史與戰國文明》：

「所謂『合縱』就是『合眾弱以攻一強。』」

楊寬《戰國史》：

「合縱是『合眾弱以攻一強』的意思，目的在阻止強國進行兼併。」

〔六國合縱〕

那麼面對六國的聯盟，

秦又該如何**破解**呢？

（且聽下回分解）

關於蘇秦的史料，以往主要見存於今傳本《戰國策》以及司馬遷的《史記》。一九七三年馬王堆出土了一種類似於今傳本《戰國策》的帛書，後編整為《戰國縱橫家書》，其所記載內容與《史記》中對蘇秦的描述出入較大。這使得有關蘇秦的資訊變得極為混亂，其主要活躍時代、主要成就皆爭議頗大，且難下定論。但作為縱橫家的代表，蘇秦是戰國時期一位重要的歷史人物，棄之實屬可惜。且經研究，《戰國縱橫家書》也多為《戰國策》幾種傳本之一，本身也有一定的片面性和局限性。今所演繹，以《史記》為依據，並旁採《戰國策》等資料。

蘇秦——年糕（飾）

參考來源：《史記》《韓非子》《過秦論》《法學辭海》《戰國策》《戰國策書錄》《資治通鑒》、呂思勉《中國通史》、白壽彝《中國通史》、程必定《中國經濟》、人民教育出版社《義務教育課程標準實驗教科書·歷史七年級上冊》、董英哲《先秦名家四子研究》、熊劍平《中國古代情報史》、張大可《史記觀止》、馬東峰《用年表讀懂中國史》、沈長雲《戰國史與戰國文明》、楊寬《戰國史》

【蘇秦的「影分身」】

據載，蘇秦還有兩個弟弟，
都是厲害的縱橫家，
但後世史料將所有的事
都記在了蘇秦頭上……

偶
像
!!

【蘇秦的粉絲】

《史記》的作者司馬遷
是蘇秦的粉絲，
他認為蘇秦機智、勇敢，
故特意創作了《蘇秦列傳》
來總結蘇秦的事蹟。

【「衣錦還鄉」】

相傳蘇秦合縱成功之後，
帶著諸侯們送的侍者和錢財回家。
曾經嘲笑他的親戚都嚇得趴在地上，
頭也不敢抬。

《如何是好》

氣死我啦！

饅頭，你怎麼了？

每次總有人搶在我前面把小裙子買走……

好氣！我要擰斷他脖子！

欸？煎餅你很熱嗎？

為啥發抖？

沒事，你多喝點……

《大胃王饅頭》

30分鐘18元任吃！‼

‼

饅頭

天蠍座

生日：10 月 31 日

身高：175cm

最喜歡的花：桂花

最愛的食物：烤肉

性格特點：大大咧咧，

很講義氣。

（饅頭擬人介紹）

饅頭的便當
Mantou's Bento

第二十二回・以橫破縱

戰國中後期，秦國通過**變法**迅速崛起，

《史記・李斯列傳》：
「孝公用商鞅之法，移風
易俗，民以殷盛，國以富
強。」

成了七國之中的 **「超級強國」**。

沈長雲《戰國史與戰國文
明》：
「處於西部地區的秦國，
由於地理位置的優越，變
法改革的成功……在戰國
中期得以向四面開拓疆
土，實力大增。」

從小錢錢到小拳拳，

秦國都**碾壓**著其他六國。

人民教育出版社《義務教育課程標準實驗教科書‧歷史七年級上冊》：

「經過商鞅變法，秦國的經濟得到發展，軍隊戰鬥力不斷加強，發展成為戰國後期最富強的封建國家。」

然而俗話有云，**刺兒大**了容易扎到人。

扎你！

為了對抗秦這個「刺頭」，
其餘**六國**在生存的壓力下組成了**聯盟**。

好害怕……

FATCH

抱團者聯盟

《史記‧蘇秦列傳》：

「於是六國從合而並力焉。」

這下秦國就有點懵了……

啊……一對六，血不夠

該怎辦呢？

《鹽鐵論·褒賢》：「（儀）智足以強國，勇足以威敵。」

這時一隻喵的出現，
讓局勢產生了變化。

他就是秦國的「特務」——
張儀喵。

《戰國策》：「張儀為秦破從（縱）連橫。」

特工

張儀

張儀從小聰明，

而且是重點私立學校的畢業生。

《史記・張儀列傳》：
「張儀者，魏人也⋯⋯事
鬼谷先生，學術。」

這**本來**應該是飛黃騰達的樣子。

【以橫破縱】

他**還沒**開始**施展**才華，
就被人**揍**了一頓……

《史記·張儀列傳》：
「張儀已學而遊說諸侯。
嘗從楚相飲，已而楚相亡
璧，門下意張儀，曰：『儀
貧無行，必此盜相君之
璧。』共執張儀，掠笞數
百。」

憤怒的他發誓，
一定要為自己**「雪恨」**！

《史記·張儀列傳》：
「為文檄告楚相曰：『始
吾從若飲，我不盜而璧，
若笞我。若善守汝國，我
顧且盜而城！』」

這才來到老秦家**效力**。

我還會回來的！

《鹽鐵論・褒賢》：
「張儀以橫任於秦。」

當時的局勢下，
六國雖然是**聯盟**，

【以橫破縱】

但總的來說，
每個國家有自己的「小九九*」。

塑膠國家情

《國史大綱》：
「戰國中期事亦多昧于情勢，於當時各國國事升降及雜合聚散之間，往往不能言。」

* 小九九：比喻為自己的謀算。

從地理來看，
韓、趙、魏三國**堵在**秦國的「**槍口眼**」上，

所以遭受的壓力**最大**。

呂思勉《中國通史》：
「韓、魏地都較小，又逼
近秦，故其勢遂緊急。」

燕、齊、楚離秦遠，

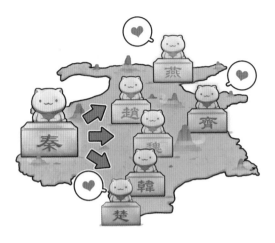

就相對比較**悠哉**。

鄧曉寶《強國之略・地緣戰略卷》：

「（燕）僻在邊陲，遠離強秦……（齊）處於中原爭戰之地的邊緣……較長的時間裡，強秦的兵鋒對齊國並不構成太大的威脅……（楚）遠接陝秦，且內阻山河之險，易守難攻。」

一邊在前線**扛火力**，

一邊在後方**看好戲**……

那聯盟**必定**不夠堅固。

沈長雲《戰國史與戰國文明》：
「面對秦要吞滅六國的威脅，東方六國不是團結起來一致抗秦，而是在勾心鬥角。」

有了這樣的**前提**，
張儀喵這個「**特務**」便**有機可乘**了。

他在秦的幫助下，
先是**跑到**離秦國近的**魏國**去當官。

《史記・張儀列傳》：
「（儀）相魏以為秦。」

然後跟魏王說：

懂嗎？

乖點，別跟那些
壞孩子鬧。

《史記・張儀列傳》：
「欲令魏先事秦而諸侯效
之。」

【以橫破縱】

可惜呢⋯⋯人家魏王⋯⋯

可是⋯⋯

《史記・張儀列傳》：
「魏王不肯聽儀。」

217

不聽……

既然不聽，
於是張儀喵給秦王打了個電話。

《史記·張儀列傳》：
「張儀復說哀王，哀王不
聽。於是張儀陰令秦伐
魏。」

揍
他。

一頓胖揍之後，

【第二十二回】

魏國屈服……

就這樣，原本貫通南北的 **「合縱」** 線，

因為魏國的 **叛變** 而遭到 **破壞** 。

【以橫破縱】

秦從中間突破**衝散**了六國的聯盟。

張大可《史記論著集成》：「張儀相魏……而陰助秦國。張儀的連橫之策獲得了一定的成功。」

即使六國在**之後**的時間裡**多次**「合縱」，

秦都用**同樣的辦法**，
以拉攏一個國家來**破壞**他們的團結。

《史記・李斯列傳》：「散六國之從，使之西面事秦。」

張儀喵就如同秦國的**「特務」**，

巧言善辯，**周旋**於六國之間，

《史記・張儀列傳》：

「（儀）與齊、楚之相會齧桑……相魏以為秦……張儀往相楚……張儀去楚，因遂之韓，說韓王……使張儀東說齊湣王……張儀去，西說趙王……北之燕，說燕昭王……」

破壞於無形。

《太史公自序》：

「六國既從親，而張儀能明其說，復散解諸侯。」

〔以橫破縱〕

這正是張儀喵的**「連橫」**之術。

《韓非子》：

「事一強以攻眾弱。」

白壽彝《中國通史綱要》：

「連橫，是利用東方六國的矛盾，使他們分別靠攏西方的秦，連成一條橫線，攻擊他國。」

221

在這個「**戰爭與和平**」的時期，
國與國之間不斷結盟與背叛。

白壽彝《中國通史綱要》：
「事實上，六國矛盾很大。」

六國的聯合因**各懷鬼胎**而不斷被打破。

秦國則靠著「連橫」之術，**不斷反殺**。

炸你！

連橫

秦

白壽彝《中國通史綱要》：
「縱約極不穩固，後來被秦的『連橫』拆散。」

到最後，六國不但沒能抗衡秦國，

【以橫破縱】

實力還或多或少地**被削弱**。

白壽彝《中國通史綱要》：「齊、楚曾有合縱之約，秦破壞了兩國縱約，又連續發兵攻楚……楚便衰弱下來……齊燕間的戰爭，大大消耗了兩國實力，削弱了東方各國抗秦的力量。」

而秦在這場**博弈中**則一步步進逼，
為統一天下**積攢**著資本。

沈長雲《戰國史與戰國文明》：
「秦國就是因為在當時的合縱、連橫活動中，採用策士之謀⋯⋯在兼併戰爭中經常處於優勢，進展順利。」

那麼秦國
要——

消滅六國了嗎？

還沒辦法！

NO!
（不！）

呂思勉《中國通史》：
「認為入戰國，秦即最強，這是錯誤了的。」

六國雖弱，
但**還沒到**一擊就垮的程度。

緊張

緊張

緊張

還能撐一會兒……

好害怕！

齊　楚　燕

【以橫破縱】

面對這樣一個僵局，
秦要如何**一步步蠶食他們**呢？

秦

陰謀生成中……

（且聽下回分解）

戰國中後期的合縱、連橫活動是由一批策士展開的。他們在各君主之間進行遊說，對當時局勢造成了廣泛而深刻的影響。這其中，蘇秦（合縱）、張儀（連橫）等縱橫家成績傑出，被視為典範。但正如上篇所提，關於他們的史料紛雜，觀點不一。如《史記》記載，蘇秦、張儀為同期師兄弟；劉向、班固、張大可、白壽彝等學者均認為蘇秦行年略前於張儀；但楊寬、徐中舒等史學家則認為蘇秦應在張儀之後，兩人活躍時間並不相同。至今為止，學界仍未對此形成「共識」。

值得注意的還有：在當時，大國始終以自己的利益為中心展開兼併戰爭和外交活動，他們沒有固定的「盟友」。比如六國並非自始至終都「抱團」，跟秦也並不是絕對敵對。結盟在這個特殊的時代儼然失去了曾經的公信力，背叛是隨時可能發生的事。而秦國正是因為深諳此遊戲規則，才能一再破壞「合縱」，逐步走向勝利。

張儀—麻花（飾）

參考來源：《史記》《鹽鐵論》《戰國策》《國史大綱》《韓非子》《太史公自序》、沈長雲《戰國史與戰國文明》、呂思勉《中國通史》、鄧曉寶《強國之略·地緣戰略卷》、張大可《史記論著集成》、白壽彝《中國通史綱要》、《2016年全國碩士研究生入學統一考試歷史學基礎名詞解釋》、人民教育出版社《義務教育課程標準實驗教科書·歷史七年級上冊》

【鬼谷子成人夜校】

張儀師從鬼谷子，
傳說同門師兄弟還有
蘇秦、孫臏、龐涓，
個個都是名震一時的人物。

【張儀折竹】

相傳張儀年少時很窮，
只能把看到的好句子先抄在身上，
回家再刻成竹冊仔細研讀，
非常好學。

【高枕無憂】

張儀在挑撥六國關係時跟魏王說，
如果魏國沒了楚國和韓國的威脅，
「則大王高枕而臥，國必無憂矣。」
成語「高枕無憂」就出自這裡。

《愛洗澡的豆花 1》　　　《愛洗澡的豆花 2》

閃亮的洗浴用品

閃亮的浴球浴帽

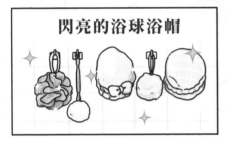

上午

下午

閃亮的浴巾浴袍

晚上

放開我！我要炸了她的浴室！

豆花

天秤座

星座：天秤座

生日：10月16日

身高：170cm

最喜歡的花：波斯菊

最愛的食物：綠茶

性格特點：傻白甜，
性格溫和。

（豆花擬人介紹）

第二十三回 ● 昭王稱霸

稱霸天下，一直是**秦國**發展的**目標**。

《過秦論》：
「（秦）有席捲天下，包舉宇內，囊括四海之意，併吞八荒之心。」

經歷了**幾代國君**的經營，

白壽彝《中國通史》：
「秦在經濟上、政治上和軍事上都已經具備有統一天下的條件。」

秦完成了從**弱**國到**強**國的**轉變**。

沈長雲《戰國史與戰國文明》：
「（秦）由於地理位置的優越，變法改革的成功，以及各種政策計謀的得當……得以向四面開拓疆土，實力大增。」

不僅**資本雄厚**，

白壽彝《中國通史》：
「秦國變法比較徹底，政
權鞏固，經濟發展，國富
兵強。」

且**不畏懼**六國的挑戰！

白壽彝《中國通史》：
「在實力對比上較之山東
六國有著明顯的優勢，已
經有了進行統一戰爭的可
能性。」

然而！
六國雖**弱**，

可他們的兵力、人口、土地**加起來**……

秦國**一口**也是吃不掉。

那麼（秦國）**如何**消滅六國，

一統天下呢？

這時，

秦國歷史上**超強待機王**登場了！

【第二十三回】

他！
就是秦昭襄王**嬴稷喵**！

【昭王稱霸】

蕭作榮《五味史》：
「秦昭襄王——秦統一六
國的奠基者。」

稷喵本來是秦國一堆公子中的一個。

他哥才是秦王！

哥哥。

《史記・秦本紀》：
「惠王卒，子武王立。」

235

然後呢……

他哥沒事**舉鼎**玩……

【第二十三回】

《史記‧秦本紀》：
「武王有力好戲……與孟
說舉鼎。」

《史記‧秦本紀》：
「絕臏。八月，武王死。」

給壓**死了**……

咳！

稷喵這才被**扶持上位**，
當了**秦王**。

喜當王

《史記‧秦本紀》：
「無子。立異母弟，是為
昭襄王。」

236

雖然上位的方式有點 **「意外」**，
但稷喵卻是個**非常賢明**的國君。

在當時的局勢下，秦國雖然**不斷出擊**，

【昭王稱霸】

但往往是**今天**打下了……

報——

稟報我王，我們
打下一塊地！

報告喵

後天就丟了……

唉……又被奪回去了。

報告喵

朱增泉《戰爭史筆記》：「秦昭襄王連年東征，並非一帆風順。北路……就沒有南路和中路打得順利……遭受了很大挫折。」

統一六國的**進度條**，
基本是動都**沒動**啊……

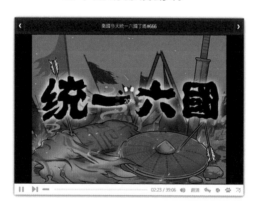

為了**打破**這個**格局**，
稷喵大膽啟用新的**戰略方針**。

朱增泉《戰爭史筆記》：「秦昭襄王任命范雎為相國……（范雎）改變了魏冉確定的戰略方針。」

那就是「遠交近攻」！

翦伯贊《中國史綱要》：
「秦昭王用范雎為相，昭王採納了范雎的『遠交近攻』之計。」

遠交近攻主要是**兩個手段**：

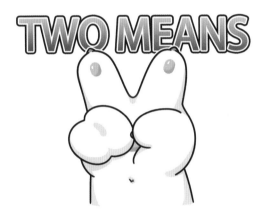

外交和**軍事**。

《秦漢新城歷史文化遺存概覽》：
「聯絡距離遠的國家，進攻臨近的國家，利用敵方矛盾，各個擊破。」

〔昭王稱霸〕

239

面對當時**敵意滿滿**的六國，

（得想辦法跟遠國建交才行啊。）

我會叫的……

你不要過來……

秦先是逼迫距離最近的
韓、魏兩國俯首稱**「小弟」**。

【第二十三回】

《史記·范雎蔡澤列傳》：
「今夫韓、魏，中國之處
而天下之樞也，王其欲霸，
必親中國以為天下樞，以
威楚、趙。」
白壽彝《中國通史》：
「他所謂親韓魏，是先禮
而後兵，實際上是『舉兵
而代之』。」

做個朋友好
不好。

好好好……

說……有話好好

韓　魏

因為韓、魏低頭，**楚、趙**兩國也跟著**屈服**。

了解……

明白……

做個朋友……

楚　趙

《史記·范雎蔡澤列傳》：
「楚強則附趙，趙強則附
楚。」

這樣**六國**中，有**四國**與秦**建交**。

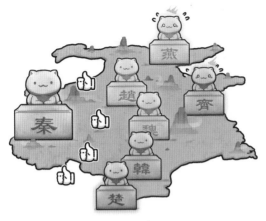

遠處的**燕**、**齊**兩國也就不得不來**「握個手」**了。

《史記．范雎蔡澤列傳》：
「齊懼，必卑辭重幣以事
秦。」

那個……

加個好友吧……

當六國都**放下**了**武器**時，

秦國也就可以**動手了**……

得 逞

秦

《中國謀略家正傳》：
「自近而遠，如蠶食葉，
天下不難盡矣。」

第三十三回

老規矩！
先拿距離近的**韓、魏開刀！**

《史記·范雎蔡澤列傳》：
「齊附而韓、魏因可虜
也。」

一邊揍，一邊又跟距離遠的
燕、齊保持**友好關係。**

《秦漢新城歷史文化遺存
概覽》：
「對與秦國相距較遠的國
家，採取友好的政策，使
他們不去主動援助其他國
家對秦的戰爭。而對於與
秦國接壤的國家，則主要
採取軍事進攻的政策。」

反正你不跟我**交好**，我就**揍你**！

（你說你交不交……）

大家是好朋友，
別客氣！

好……

《三十六計‧典藏》：
「『遠交』的目的，實際
上是為了避免樹敵過多而
採用的外交誘騙手段。」

這樣的好處在於 ——

揍近的，

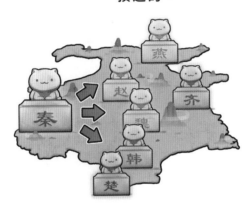

打下來的土地就能**併入秦國**。

〔昭王稱霸〕

《史記‧范雎蔡澤列傳》：
「王不如遠交而近攻，得
寸則王之寸也，得尺亦王
之尺也。」

交遠的，

【第二十三回】

他**不會**在你揍別人的時候來**幫對方**……

任中原《中國歷史二
○○○問》：
「距秦較遠的國家先行交
好，穩住他們不干預秦攻
打臨近諸國的事。」

這樣一來，秦國**加快了東出**的步伐，

向東一路

呂思勉《中國通史》：
「秦人遂對諸侯施其
（起）猛烈的攻擊。」

不斷地**蠶食**著其他國家的**土地**！

稷喵的這一**戰略總方針**，
使秦國**統一天下**的趨勢變得**不可逆轉**。

【昭王稱霸】

稷喵在位整整**五十六年**……

不僅把六國熬得**油盡燈枯**，

王桐齡《中國史》：
「秦人之勢日張，六國之勢日蹙。」

第一個兒子還沒上位，

被**熬死了**。

《史記‧呂不韋列傳》：
「秦昭王四十年，太子死。」

第二個兒子上位三天，

《史記‧呂不韋列傳》：「其四十二年，以其次子安國君為太子。」

也**死了**……

《史記‧秦本紀》：「孝文王除喪，十月己亥即位，三日辛丑卒。」

強大的**秦國**……
究竟將由誰來**繼任**呢？

（且聽下回分解）

〔昭王稱霸〕

247

編者按

正如《過秦論》所言，始皇帝嬴政一統天下，並非其一人之功，而是「奮六世之餘烈」，多代人共同努力的成果。這其中，秦昭襄王在位期間更是頗有建樹。他遠交近攻，破壞聯盟；東進征戰，搶佔耕地和資源；興修水利，開創漢中天府之國。他讓秦的版圖迅速擴大，為後來的統一奠定了堅實的政治、經濟、軍事基礎。

此外，在很多我們耳熟能詳的故事裡，其實都有秦昭襄王的身影。比如「將相和」裡，他強取趙國和氏璧，還逼迫趙王鼓瑟；他派大將白起攻陷郢都，重創楚國，使屈原在萬念俱灰之下投江而死；他把李冰派去蜀地修建都江堰；「雞鳴狗盜」中，他將孟嘗君扣下來，逼得孟嘗君只能窮盡手段逃跑……

嬴稷──烏龍（飾）

參考來源：《史記》《過秦論》《戰國策》《三十六計》《秦漢新城歷史文化遺存概覽》《中國謀略家正傳》、白壽彝《中國通史》、沈長雲《戰國史與戰國文明》、蕭作榮《五味史》、朱增泉《戰爭史筆記》、翦伯贊《中國史綱要》、任中原《中國歷史 2000 問》、呂思勉《中國通史》、王桐齡《中國史》

附錄

【超長待機王】

秦昭襄王在位時間56年，
是秦國國君中最長的一位。
即使放眼整個中國歷史，
比他在位久的只有康熙和乾隆
爺孫倆。

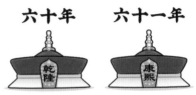

【人形核彈白起】

昭襄王時秦國有個「戰神」白起，
他是戰國四大名將之首，
曾在一場對趙國的戰爭中
擒殺敵軍四十五萬人。

【「西帝」】

昭襄王曾自立為「西帝」，
雖然礙於時勢，
三個月不到就把這個稱號撤了，
但也足可見其稱霸的勃勃野心。

《怕胖的湯圓》

《太可怕了》

老闆，我要個青椒炒肉，不要肉。

快點……

另外是那個西芹炒臘腸，不要臘腸。

不要……

馬鈴薯肉片，不要肉片。

快點！

那最後是辣子雞，不要雞。

她為啥不直接點個沙拉……

我不要！我不要！我不要！

湯圓

水瓶座

生日：2 月 14 日

身高：175cm

最喜歡的花：玫瑰

最愛的食物：蘋果

性格特點：有點脫線
又很聰明，性格很好。

（湯圓擬人介紹）

第二十四回・亂世巨賈

戰國末期，
群雄爭霸的混亂局勢終於變得**清晰**起來。

沈長雲《戰國史與戰國文明》：
「從長平之戰到秦的統一，這是戰國七雄兼併戰爭中最後的拚搏。」

天下七國，**一極多強。**

秦**無敵**於天下。

沈長雲《戰國史與戰國文明》：
「（秦）所向披靡，勢不可擋。」

而**六國**則日漸**衰微**。

等撲街
楚 燕 齊 魏

翦伯贊《中國史綱要》：
「這時關東六國已次第削弱。」

眼看著**一統天下**的「安裝檔」
秦國即將**下載完畢**。

翦伯贊《中國史綱要》：
「秦對六國的鬥爭已取得決定性的勝利。」

統一
UNIFICATION
ZIP

878M 已下載98.3%　　　　65KB/S

【亂世巨賈】

但悲劇的是……
大秦**數代**國君卻接連**去世**。

風水差

《史記・秦本紀》：
「五十六年秋，昭襄王卒，子孝文王立……孝文王除喪，十月己亥即位，三日辛丑卒，子莊襄王立……三年，莊襄王卒。」

這⋯⋯這下懵了⋯⋯

《史記・秦始皇本紀》：「王年少，初即位，委國事大臣。」

老大之位**空缺**的秦國，
究竟會不會**霸權旁落**呢？

此時！
一隻喵的出現讓**局面**發生了**變化**。

喵！

張大可《史記論著集成》：「他周遊列國，洞察時勢，尋求機緣，終於入秦為相國，在政治上一試身手⋯⋯為秦的統一事業立下大功。」

他就是史上最強**投資**喵──**呂不韋**喵！

呂不韋喵是一隻**有錢**喵。

【亂世巨賈】

他靠著**低買高賣**的手段，
不僅賺得**盆滿缽滿**，

還**轉型**開始當投資人。

白壽彝《中國通史》：
「呂不韋恰巧到邯鄲做生
意，見到子楚，認為『此
奇貨可居』，他要用金錢
資助子楚。」

那麼怎樣的投資**收益最大**呢？

是房地產還是奢侈品？

《戰國策》：
「歸而謂父曰：『耕田之
利幾倍？』曰：『十倍。』
『珠玉之贏幾倍？』曰：
『百倍。』」

都不是！

《戰國策》：「『立國家之主贏幾倍？』曰：『無數。』」

呂不韋喵要投資的是一個**落魄**的王子⋯⋯

秦公子**異人**喵！

異人

《史記・呂不韋列傳》：「子楚（異人）為秦質子於趙。秦數攻趙，趙不甚禮子楚。」

【亂世巨買】

呂不韋喵非常清楚，
秦國現在**需要有人**回去**繼承**王位。

陳舜臣《中國歷史風雲錄》：
「太子安國君的正妻華陽夫人沒有嫡子⋯⋯為了確保自己將來的皇后、皇太后的地位，她就必須有個養子。當然要從丈夫的兒子中挑選，子楚也有這個機會。」

而落魄的異人喵又是最**沒有可能**的那個。

《史記・呂不韋列傳》：
「（異人）質於諸侯，車乘進用不饒，居處困，不得意。」

被遺忘

那也就是說，
只要把這個**落魄**的傢伙**扶上去**當秦王⋯⋯

陳舜臣《中國歷史風雲錄》：
「雖然現在是個不幸的人質，但誰又敢說將來他就不會是秦王呢？」

那就**賺大發了**！

划算

那怎麼做呢？

呂不韋喵的**方法**其實也很**簡單**。

砸錢！

【第二十四回】

陳舜臣《中國歷史風雲錄》：「呂不韋對子楚做了大量投資。」

他先拿出**一半**的家底**包裝**異人喵。

《史記‧呂不韋列傳》：「呂不韋乃以五百金與子楚。」

化妝師

攝影師

髮型師

造型師

該買衣服買衣服，

該做髮型做髮型，

接著再拿剩下的**一半家底**，
跑去**賄賂**當時受寵的王妃。

收他做兒子
絕對不虧啊。

您這麼受寵
卻沒有兒子。

【亂世巨賈】

將異人喵立為**太子**。

太子

我……

這下子……

落魄公子搖身一變，成了**王位繼承人**……

《史記·呂不韋列傳》：
「秦昭王五十六年，薨，太子安國君立為王，華陽夫人為王后，子楚為太子。」

而且還**迅速**成了**秦王**。

《史記·呂不韋列傳》：
「秦王立一年，薨，諡為孝文王。太子子楚代立，是為莊襄王。」

嘿嘿！

擁立有功的呂不韋喵，

不僅得到**大量**的封賞，

《史記·呂不韋列傳》：
「食河南雒陽十萬戶。」

【第二十四回】

還當了**大官**。

《史記・呂不韋列傳》：「以呂不韋為丞相，封為文信侯。」

可你猜怎麼著……

【亂世巨買】

三年的時間……異人喵就**掛了**……

（這王座是不是風水不好啊？）

《史記・呂不韋列傳》：「莊襄王即位三年，薨。」

於是為了秦國朝局穩定，
呂不韋喵**全權代理**了政務。

好累……

《史記・呂不韋列傳》：
「太子政立為王，尊呂不韋為相國，號稱『仲父』。」

在他「執政」期間，
秦國不僅**繼續征伐**六國，

楊寬《戰國史》：
「呂不韋在秦國當權時，繼續進行兼併六國的戰爭，取得了不少土地。」

喵

秦

楚 趙 齊

還不斷**吸收人才**。

《史記・呂不韋列傳》：
「呂不韋……亦招致士，厚遇之，至食客三千人。」

【第二十四回】

他甚至傾盡自己團隊的力量，
編寫了《呂氏春秋》一書。

來給秦國**統治者**做**教輔**資料。

給你寫了本
工具書。

便宜點
給你。

……

作為一個**商人**兼**政治家**，
呂不韋喵敢想敢幹。

不僅讓自己**權錢雙收**，

《戰國策》：
「建國立君，澤可以遺
世。願往事之。」
《史記·呂不韋列傳》：
「以呂不韋為丞相。」
「不韋家僮萬人。」

還使秦國不僅沒有因**「無主」**而衰落，
反而變得**更強**。

楊寬《戰國史》：
「秦國已經奠定了此後
『兼併天下』的勝利的基
礎。」

一統天下的霸業也**順利推進**。

《史記·秦始皇本紀》：
「元年，將軍蒙驁擊定
之。二年，麃公將卒攻卷，
斬首三萬。三年，蒙驁攻
韓，取十三城。」

可是，

就算呂不韋喵權力再大，

天下**畢竟是**王的天下。

《史記・秦本紀》：

「莊襄王卒，子政立，是

為秦始皇帝。」

隨著太子喵慢慢**長大**，

大秦的**正主**就要登場了。

《史記・呂不韋列傳》：

「始皇帝益壯。」

【亂世巨賈】

接下來的秦國，

又會發生什麼事呢？

（且聽下回分解）

269

作為一個富商大賈，呂不韋通過投機，成功轉型為秦國丞相這般顯赫一時的政壇人物，這是古代歷史上鮮有先例的。不僅如此，在做丞相的十三年間，他先後三次發動對三晉大規模的進攻，為秦打下大片疆土；利用東方各國的矛盾，巧妙拆散其聯盟、抵禦其進攻，最後還切斷東方各國之間的聯繫，形成便於各個擊破的有利形勢；他廣攬門客三千，在政治上和軍事上出謀劃策；同時命人採擇編成《呂氏春秋》，作為帝王施政指導。呂不韋的努力，讓秦國資本與實力得到進一步積累，也為始皇掌權後統一六國增添了砝碼。

呂不韋——瓜子（飾）

參考來源：《史記》《戰國策》、白壽彝《中國通史》、張大可《史記論著集成》、沈長雲《戰國史與戰國文明》、翦伯贊《中國史綱要》、陳舜臣《中國歷史風雲錄》、楊寬《戰國史》

附錄

【「雜家」巨著】

《呂氏春秋》綜合
儒、墨、法等各家之長,
被視為雜家代表作。
有人甚至認為其價值
在戰國無人能及。

【一字千金】

呂不韋對《呂氏春秋》很滿意,
他特意把書掛上城牆,
稱只要有人能改動一個字
就賞千金,
結果沒有一個人能改。

【「猛將」呂不韋】

除了執政,呂不韋還親自指揮殺敵。
他曾三次發動對三晉的進攻,
兩次擊退了由韓、魏、楚等國
組成的合縱聯軍。

拉麵小劇場

《幸運之神拉麵 1》

拉麵氣超強的是個運喵。

好好……吃，好吃

英國唯物主義哲學家是誰？請一位同學來回答！

拉麵同學，你來回答一下。

很好！就是法蘭西斯培根！

培根……

都能答對說夢話

《幸運之神拉麵 2》

拉麵你不打工，月底不會餓死嗎？

不會呢，因為……

快遞！

?

真是可怕的運氣……

隨便參加下抽獎就會有食物送來的啦！

拉麵

雙子座

生日：6月1日

身高：180cm

最喜歡的花：水仙

最愛的食物：漢堡

性格特點：性格隨和，
只有吃不到好吃的東
西時會發脾氣。

(拉麵擬人介紹)

273

第二十五回 ● 新王登基

公元前——

246年

大秦第36代**領導人**上位！

三十六代目

人民教育出版社《普通高中課程標準實驗教科書·歷史必修一教師教學用書》：

「贏政（前二五九—前二一〇）⋯⋯公元前二四六年即王位。」

【第二十五回】

他，便是日後大名鼎鼎的**秦王**——
贏政喵。

贏政

《史記·秦本紀》：
「莊襄王卒，子政立，是為秦始皇帝。」

這個雄踞**天下之最**的大國領袖，
究竟是怎樣的一個喵呢？

李贄《藏書・世紀列傳總
目》：
「始皇帝，自是千古一帝
也。」

今天我們**喵咪創業單元**就來**採訪**下他。

你好啊，政喵，跟大家做個自我介紹好嗎？

大秦集團 CEO 政

CAT TV

電視機前的六國子民們，大家好。

我是即將要蹂躪你們的政喵。

喂……

CAT TV

白壽彝《中國通史》：「秦王政……於公元前二三〇年滅韓，於前二二五年滅魏，於前二二三年滅楚，於前二二二年滅燕、滅趙，於前二二一滅齊。」

【第二十五回】

呃……我先講下我的成長經歷。

好的。

CAT TV

278

老子……（不）

我爹是作為**兩國友好**被送到**敵國**的**人質**。

每天瑟瑟發抖

所以我從小就**在敵國那邊長大**。

【新王登基】

本來想著日子就這麼**平靜**地過下去。

誰知道**老家**突然**發兵**來打。

《史記・呂不韋列傳》：
「秦昭王五十年，使王齮圍邯鄲，急，趙欲殺子楚。」

我爹就趁亂**逃回**秦國**爭奪王位**。

《史記・呂不韋列傳》：
「子楚與呂不韋謀，行金六百斤予守者吏，得脫，亡赴秦軍，遂以得歸。」

我回老家爭奪下王位，會回來接你們的！

喂！

你要知道**人質跑了**，
人質的婆娘和孩子**就慘了**……

《史記・呂不韋列傳》：
「趙欲殺子楚妻子。」

我跟我娘不僅**受盡欺負**，

每天還**東躲西藏**。

《史記・呂不韋列傳》：
「子楚夫人趙豪家女也，
得匿，以故母子竟得活。」

幸好我的**主角光環**強！

逃回去的臭老爹竟然成了**預備秦王**。

《史記・呂不韋列傳》：
「秦昭王五十六年，薨，太子安國君立為王……子楚為太子。」

我跟我娘**才**順利被接了**回去**。

《史記・呂不韋列傳》：
「趙亦奉子楚夫人及子政歸秦。」

不然真得死在那邊……

回到秦國的我成了**太子**。

《史記・呂不韋列傳》：
「太子政。」

本來想著日子就這麼平靜地過下去。

誰知道**剛當**秦王**不久**的老爹，

【新王登基】

《史記·秦本紀》：
「孝文王元年……三日辛
丑卒，子莊襄王（子楚）
立。」

就掛了……

《史記·呂不韋列傳》：
「莊襄王即位三年，薨。」

幼小的我這才**挑起重任**，
成了**新的**大秦「ＣＥＯ」。

楊寬《戰國史》：
「公元前二四七年，秦莊
襄王去世，兒子政即位。」

能跟我們說下大秦
集團嗎？
（能不能別邊吃邊說。）

CAT TV

大秦啊……

嗯……

秦

秦本來是個**邊陲小國**，

擦

經歷了多年的努力
才得以生存下來。

又經歷了前**幾代**大秦「CEO」的**發展**，

莊襄王

昭襄王

悼武王

秦孝公

惠文王

才變成了現在的**強國**。

《過秦論》：
「強國請服，弱國入朝。」
呂思勉《中國通史》：
「七國遂惟秦獨強。」

至於俺這一代
的目標……

當然是毀滅六國，
蹂躪他們啦！

總是溫和地說出
這麼可怕的話。

《史記·秦始皇本紀》：
「招致賓客遊士，欲以並
天下。」

那麼剛剛上位的你
有沒有遇到什麼困難呢？

你要知道我上位那會兒，
還是個**十三歲**的小可愛。

《史記·秦始皇本紀》：
「年十三歲，莊襄王死，
政代立為秦王。」

所以朝中的**政務**
大都交給了**大臣**和**我娘代理**。

《史記·秦始皇本紀》：
「委國事大臣。」
楊寬《秦始皇》：
「所有的政務都由他的母
親（太后）和呂不韋掌
管。」

【新王登基】

作為**「吉祥物」**的我，
就安安靜靜地在**旁邊聽著**。

本來想著日子就這麼平靜地過下去。

誰知道**寂寞難耐**的我娘開始到處**撩漢**……

號 大秦日報 外

秦孝文王元年

疑似大臣……

太后趙姬
私會神秘人

現在的老人
真是……

《史記・呂不韋列傳》：
「太后時時竊私通呂不
韋……太后淫不止。」

還找了個「小狼狗」男友。

【新王登基】

《史記・呂不韋列傳》：
「呂不韋乃進嫪毐……太后乃陰厚賜主腐者吏，詐論之，拔其鬚眉為宦者，遂得侍太后。」

《秦漢新城歷史文化遺存概覽》：
「太后與嫪毐私通的醜聞被揭露後，秦始皇覺得很難堪。」

你要知道，戀愛中的女人是**盲目**的。

我娘不僅每天跟男友「玩親親」，

連**國政**也都**交給他**！

（這不是明擺著要讓他造反嗎？）

**難道家族企業即將
落入他人之手？！**

才沒有。

呼！

我其實**早就知道**他們要**造反**。

《史記·呂不韋列傳》：「始皇九年，有告嫪毐……與太后謀曰『王即薨，以子為後』。」

於是**偷偷**讓人盯著他們。

《史記·呂不韋列傳》：「於是秦王下吏治，具得情實。」

（新王登基）

等他們真**造反**的時候，

我就把他們**一網打盡了**。

（真的超簡單的。）

確實是這樣……

怎麼感覺是一群蠢貨呢？

就這樣，

我在掌權**那天**開始，

把朝中所有的**敵對**勢力全都**滅了**。

國家的**政權**完全地**落入**我手中。

（日子又可以平靜地過下去了呢。）

我要做很多手辦！

終於沒人管我了！

那麼你對後面的發展有啥願望呢？

當然是毀滅六國，
蹂躪他們啦！

真是個可怕
的人⋯⋯

作為**幼年上任**的秦國國君，
嬴政喵**默默隱忍**。

白壽彝《中國通史》：
「秦王政繼承王位時，只
不過十三歲，事實上很多
重大的政治、軍事活動都
是由呂不韋替他完成
的。」

待**時機成熟**之後，
便迅速**掃清**了所有的阻礙勢力。

白壽彝《中國通史》：
「公元前二三八年，政受
冠禮，親自專政。他平定
嫪毐之亂，接著又削除了
呂不韋的勢力。」

【第二十五回】

這彰顯了嬴政喵**縝密**的政治**謀略**
和**強硬**的處事**手腕**。

楊寬《戰國史》：
「章炳麟說：『雖四三
皇、六五帝，曾不足比隆
也。』」

超級強國加上這麼一位強韌的國君，
簡直是戰鬥力**暴漲**。

《過秦論》：
「及至始皇，奮六世之餘
烈，振長策而御宇內。」

【新王登基】

紛亂的戰國時代，
究竟會**如何結束**呢？

（且聽下回分解）

秦王嬴政親政前，秦國主要由呂不韋、嫪毐掌控，兩個勢力各有特色。嫪毐倚仗太后的寵愛，集結大批黨羽，在秦國橫行霸道；呂不韋則聯合各個學派，反對秦國傳統的、利於君主集權的法家政策，相比之下更令嬴政擔憂。

因此，嬴政在清除這兩大勢力時，採取了不同方針。對嫪毐一派，嬴政直接用武力鎮壓，一次性摧毀；對呂不韋，嬴政則逐步削弱其勢力，使其集團分崩瓦解，呂不韋最終自殺而亡。

嬴政親政後，只用了不到兩年便掃清國內兩大割據勢力，獨攬大權，其處理方式，更彰顯了他是個既有雄心壯志、又有謀略的君主。

嬴政——煎餅（飾）

參考來源：《史記》《戰國策》《資治通鑑》《過秦論》《秦漢新城歷史文化遺存概覽》、李贄《藏書·世紀列傳總目》、楊寬《戰國史》《秦始皇》、呂思勉《先秦史》《中國通史》、白壽彝《中國通史》、人民教育出版社《普通高中課程標準實驗教科書·歷史必修一教師教學用書》

附　錄

【老媽浪漫史】

秦始皇的生母趙姬有豐富的情感史，
包括秦國國君秦莊襄王、相國呂不韋、
叛臣嫪毐都曾是她的「獵物」。

【嬴政／趙政】

秦始皇有兩個名字
「嬴政」和「趙政」。
「嬴」是他的姓，來自他父親；
「趙」則是他的氏，
因其出生在趙國取的。

【誰的兒子】

據傳，秦始皇是丞相呂不韋的兒子。
據《史記》記載，
秦始皇的母親原是呂不韋的姬妾，
被獻給秦始皇的父親時已有身孕。

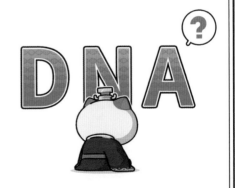

油條小劇場

《敏捷的油條》

油條是個身手敏捷的喵……

能避開一切飛來的物體。

一切！

一切……

你幹嗎?!

《垃圾》

豆花房間

這個豆花真是的，這麼多垃圾怎麼還不丟掉？

豆花，我幫你把垃圾收拾乾淨了！

豆花的愛好是收集古董和舊物。

你不知道嗎？你才是垃圾。

298

油條

射手座

生日：12月5日

身高：185cm

最喜歡的花：向日葵

最愛的食物：可樂

性格特點：熱血好動，
很孝順。

（油條擬人介紹）

第二十六回●千秋一統

公元前221年，

秦統一六國。

人民教育出版社《普通高中課程標準實驗教科書‧歷史必修一教師教學用書》：

「公元前二二一年秦滅六國。」

戰國七雄的戰爭，從此塵埃落定。

翦伯贊《中國史綱要》：

「秦王政結束了戰國以來封建諸侯長期割據的局面。」

一個比之前任何時代都要巨大的疆土，

盡歸於秦。

新的王朝就此誕生了。

【千秋一統】

可我們不禁要問：

群雄爭鬥之下，

為何是秦國完成了統一的霸業呢？

如果從**整個**戰國的**發展**來看，
秦國在**主觀條件**上**持續**出現「**好領導**」。

他的勝利**先後**經歷了
五代國君的艱苦**經營**。

《過秦論》：
「及至始皇，奮六世之餘
烈。」（孝文王在位僅三
天，故沒有算入。）

秦孝公**變法強國**，

白壽彝《中國通史》：
「公元前三五六年，孝公
以商鞅為左庶長，實行第
一次變法。」

讓秦國**脫離**貧弱，**積累**了抗衡列國的**資本**。

白壽彝《中國通史》：
「秦自孝公任用商鞅變法
以後，國力漸強。」

而秦的發展，立即引起六國的**圍攻**。

白壽彝《中國通史》：
「公元前三一八年，三晉
和齊、楚聯合攻秦，兵至
函谷。」

沈長雲《戰國史與戰國文
明》：
「便有魏、韓、趙、楚、
燕『五國共擊秦』之舉。」

《史記·蘇秦列傳》：
「於是六國從合而並力
焉。」

所以惠文王負責**離間突圍**，

白壽彝《中國通史》：
「秦用張儀主張，以連橫
破壞合縱。」

運用**外交**手段**拆散**各國的**聯盟**。

《史記・李斯列傳》：

「散六國之從，使之西面事秦。」

到了武烈王時期，秦國開始**破關東出**。

（函谷關）

《史記・秦本紀》：

「四年，拔宜陽，斬首六萬。涉河，城武遂。」

往中原地區**撕開**一個**裂口**。

（攻取通往中原的宜陽郡。）

《戰國策・秦策二》：

「甘茂攻宜陽……宜陽拔。」

開始**進攻中原**！

白壽彝《中國通史》：
「公元前三〇八年，秦武王攻佔韓的宜陽。從此，秦的勢力進一步伸入中原。」

至昭襄王當政時，秦開始**發兵六國**。

五國伐齊
鄢郢之戰
鄢城之戰
長平之戰
圍攻大梁
華陽之戰
攻占黔中
攻占狼城

白壽彝《中國通史》：
「公元前二九四年，秦又攻伐韓與魏……公元前二八四年，三晉、燕、秦五國，聯合伐齊……秦將白起這時（公元前二七九年）攻下楚都鄢郢……從此秦便以三晉為直接進攻的目標。」

把**列國**一個一個**拖垮**。

白壽彝《中國通史》：
「（楚國）國勢從此衰落不振……（秦國）打敗韓、魏兩國軍隊，斬首二十四萬多人……損失嚴重的趙國滅亡……齊國幾乎將要從此也衰弱了……山東各國均已削弱，沒有一個國家能夠單獨抵禦秦國的進攻了。」

再由莊襄王**斬斷合縱**。

《史記‧呂不韋列傳》：
「莊襄王元年，以呂不韋
為丞相。」
《史記‧秦始皇本紀》：
「呂不韋為相……初置東
郡。」

加大了六國在地理上**合縱**的**難度**。

孫聞博《東郡之置與秦滅
六國——以權力結構與郡
制推行為中心》：
「東郡擴境後成功與中立
國齊國連接，將河北燕、
趙與河南魏、楚隔絕，完
成了以往東向連橫未能達
到的目標。」

每一代秦國國君都在為秦的發展**添磚加瓦**。

且代代**重用人才**。

《史記・秦本紀》：
「孝公於是布惠，振孤
寡，招戰士，明功賞……
『賓客群臣有能出奇計彊
秦者，吾且尊官，與之分
土。』」

《過秦論》：
「孝公既沒，惠文、武、
昭襄蒙故業，因遺策。」

相比之下的列國呢？

要麼**分裂**，

白壽彝《中國通史》：
「春秋末年……從此三家
分晉。」

《史記・趙世家》：
「（趙武靈王）欲兩王之，
猶豫未決，故亂起，以至
父子俱死。」

要麼**不重視**人才。

白壽彝《中國通史》：

「商鞅先至魏，魏王不用。」

《史記·張儀列傳》：

「（張儀）嘗從楚相飲，已而楚相亡璧，門下意張儀……共執張儀，掠笞數百。」

《史記·范雎蔡澤列傳》：

「（魏相）使舍人笞擊雎，折脅摺齒。雎詳死，即卷以簀，置廁中。」

大局勢之下，**此消彼長**。

最終到秦王政時期，
已經是**收官階段**。

白壽彝《中國通史》：

「經過一百多年的持續努力，至公元前二四六年秦王政繼位時，實現統一的條件已基本具備。」

公元前230年，滅韓。

呂思勉《中國通史》：
「前二三〇年，滅韓。」

公元前228年，滅趙。

呂思勉《中國通史》：
「前二二八年，滅趙。」

〔千秋一統〕

公元前225年，滅魏。

呂思勉《中國通史》：
「前二二五年，秦人滅
魏。」

公元前222年，滅楚、燕。

呂思勉《中國通史》：
「前二二二年，發兵攻遼東，滅燕。」

楊寬《戰國史》：
「公元前二二三年……虜楚王負芻。次年……楚國被全部滅亡。」

公元前221年，滅齊。

呂思勉《中國通史》：
「前二二一年，即以滅燕之兵南滅齊。」

十年的時間裡，**六國盡滅**……

人民教育出版社《普通高中課程標準實驗教科書·歷史必修一教師教學用書》：
「從公元前二三〇年至公元前二二一年，秦王嬴政……用了十年時間，終於完成統一六國的大業。」

秦的統一**非一人**之功，實乃**六代人**的**接力**……

從此持續**五百餘年**的**大爭之世結束**。

商務印書館《現代漢語詞典（第 7 版）》：

「公元前七七〇年至公元前四七六年，為春秋時代；公元前四七五年至公元前二二一年，為戰國時代。」

取而代之的是一個**統一的**集權王朝。

人民教育出版社《普通高中課程標準實驗教科書‧歷史必修一》：

「建立了中國歷史上第一個統一的中央集權的封建王朝——秦朝。」

【千秋一統】

秦王政**始稱皇帝**。

人民教育出版社《普通高中課程標準實驗教科書・歷史必修一》：

「秦王嬴政……把三皇和五帝的名稱合為『皇帝』，定作自己的尊號，自稱『始皇帝』。」

以**雷霆的手腕**迅速在經濟、政治、文化上**進行統一**。

《史記・秦始皇本紀》：

「一法度衡石丈尺。車同軌。書同文字。」

廢分封，立郡縣，

徹底**消除了**戰國**亂世的重演**。

人民教育出版社《普通高中課程標準實驗教科書・歷史必修一》：

「秦始皇採納了李斯的建議，在全國範圍內推行郡縣制。」

《史記・秦始皇本紀》：

「天下共苦戰鬥不休，以有侯王。」

【第二十六回】

讓中國**在未來**的兩千多年裡，
都在此基礎上**聚多散少**。

人民教育出版社《普通高中課程標準實驗教科書·歷史必修一教師教學用書》：

「從秦朝統一中國的兩千多年中，出現了秦漢、隋唐、元明清三次大一統，時間長達一千三百餘年，統一或基本統一（北宋）的時間占三分之二以上。」

然而從散到聚，是充滿了**鐵與血**的的過程……

通過**暴力統一**起來的天下，又會走向**何方**呢？

下一冊見。

秦

（且聽下回分解）

編者按

關於秦滅六國的順序，史學界意見並不統一。人教版高中歷史教科書、呂思勉等認為滅六國順序為韓、趙、魏、楚、燕、齊；而楊寬、白壽彝等史學家則認為趙的滅亡應該在燕之後。前者的依據是公元前二二八年，秦攻破趙國都城、俘虜趙王，趙國國滅；後者則認為此時趙國仍有殘餘勢力在代郡建國，餘部是在六年後才為秦所滅，順序應在燕國後。本文採納的是第一種觀點。

秦始皇建立秦朝後，有許多開創性的舉措。政治上，他廢分封、置郡縣，加強中央集權，同時確立皇帝制度，建立了由「三公九卿」組成的封建朝廷；軍事上，他北築長城，南平百越，首次將嶺南納入了華夏統治者的版圖；此外，秦始皇還統一了全國的法律、文字、貨幣、度量衡，並五次巡遊懾服四方。這些做法直接或間接地沿用至多個朝代，對此後中國歷史的發展影響非常深遠⋯⋯

嬴政——煎餅（飾）

參考來源：《史記》《鹽鐵論》《戰國策》、白壽彝《中國通史》、沈長雲《戰國史與戰國文明》、呂思勉《中國通史》、賈誼《過秦論》、翦伯贊《中國史綱要》、楊寬《戰國史》、譚其驤《歷史上的中國和中國歷代疆域》、孫聞博《東郡之置與秦滅六國——以權力結構與郡制推行為中心》、商務印書館《現代漢語詞典（第7版）》、人民教育出版社《普通高中課程標準實驗教科書·歷史必修一教師教學用書》、人民教育出版社《普通高中課程標準實驗教科書·歷史必修一》

【經常被刺殺的秦始皇】

秦始皇統一六國非常風光，
但私底下卻經常被六國刺殺。
史書記載秦始皇至少有四次
因為刺客偷襲差點喪命。

【人不如樹】

秦始皇統一六國後在泰山舉行祭典，
風雨突至，
幸好有一棵樹為他遮雨，
秦始皇因此封那棵樹為五大夫。

【十二金人】

秦始皇統一天下後，
為防止六國反抗，
收繳天下兵器鑄成銅鐘和
十二個銅人。
據說每個銅人都有三萬多公斤。